CELTIC DESIGN

Aidan Meehan
studierte die Kunst der Kelten
in Irland und Schottland.
Seit über 20 Jahren gilt er als Spezialist und
ist einer der führenden Köpfe in der Renaissance
dieser authentischen Tradition.
Er gibt Workshops und Schulungen in Europa,
in den USA und in seiner Heimatstadt Vancouver,
B.C., Kanada.

Aidan Meehan

Der keltische Lebensbaum

Arun

Dieses Buch ist meiner Tochter
Hannah Joy gewidmet
und Dianne Bjornson,
einer außergewöhnlichen Waldbewohnerin.

Die Deutsche Bibliothek - CIP-Einheitsaufnahme
Meehan, Aidan:
Celtic Design / Aidan Meehan. [Übers.: Vicky
Gabriel]. - Engerda: Arun
Einheitssacht.: Celtic Design <dt.>
Tree of Life = Der keltische Lebensbaum. - 2001
ISBN 3-927940-97-6

Arun-Verlag, Ortsstr. 28, D-07407 Engerda, Tel: +49(0)36743/233-0,
Fax: -17, email: info@arun-verlag.de, Internet: www.arun-verlag.de
Titelbild: Thomas Peupelmann & Bärenfalke
Gesamtherstellung: WB-Druck Rieden
Published by arrangement with Thames & Hudson Ltd. London.

ISBN 3-927940-97-6

Inhalt

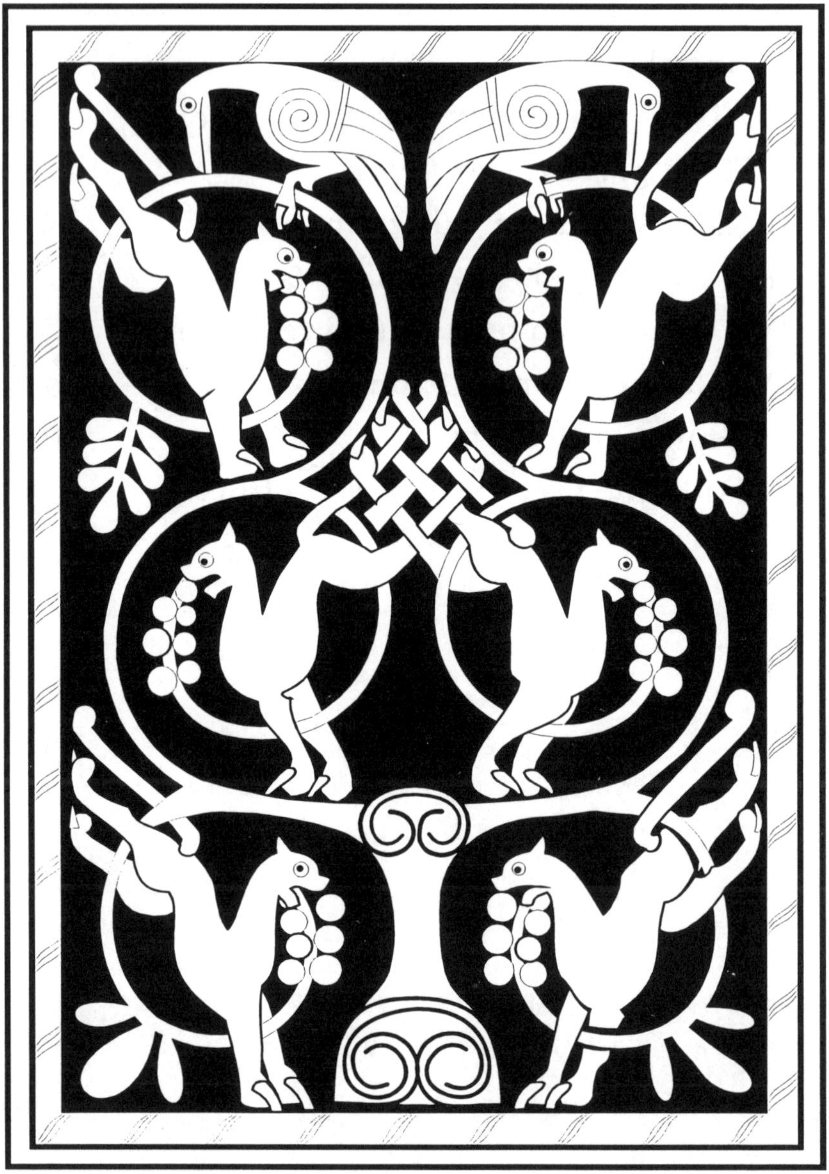

Der Goldene Zweig

Wohl dem Menschen, der Weisheit erlangt ...
Ihre Wege sind liebliche Wege,
und alle ihre Steige sind Frieden.
Sie ist ein Baum des Lebens allen, die sie ergreifen,
und glücklich sind, die sie festhalten.
Sprüche 3:18

Tiefe Symbolik weist der Baum des Lebens als uraltes, für die Einheit des Lebens stehendes Motiv auf. In der keltischen Kunst erscheint er ab der Mitte des 8. Jhs. zum Beispiel im Book of Kells, wo er typischerweise auf einen kleinen Kelch zurückgeht, Abb. 1a. Da er nicht im Book of Lindisfarne (698 n. Chr.) zu finden ist, dürfte er um diese Zeit eingeführt worden sein. Doch obwohl der Baum im illustrierten Evangelium als christliches Symbol dient, ist dies natürlich weder seine einzige Bedeutung noch sein Ursprung.

Abb. 1 Der Baum des Lebens, Book of Kells, Detail

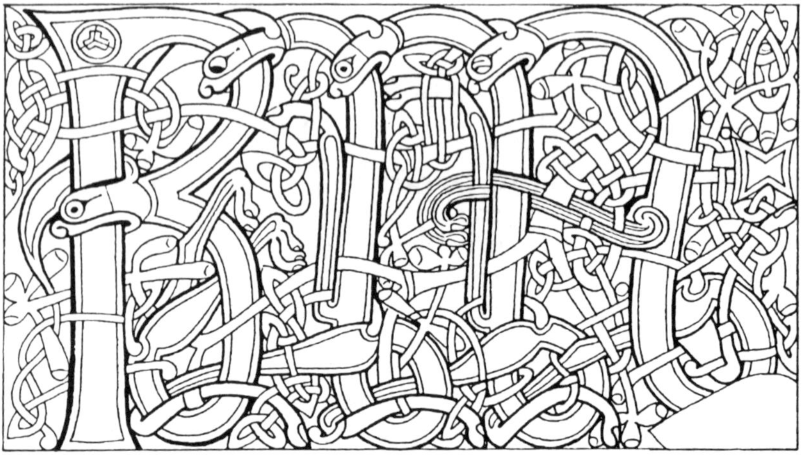

a

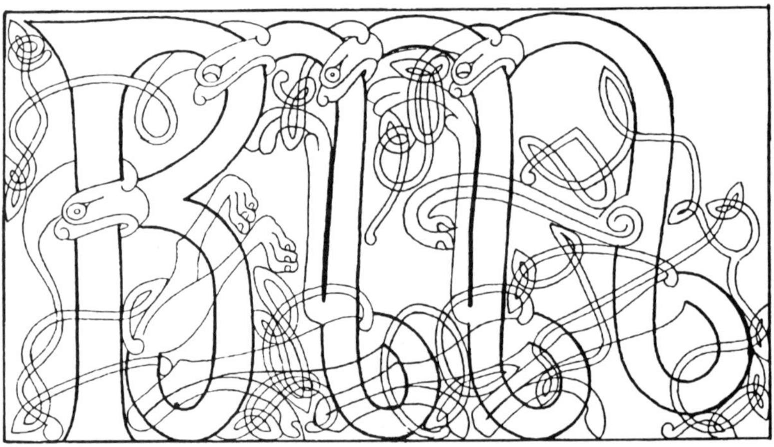

b

Abb. 2 Der Baum, Auszug

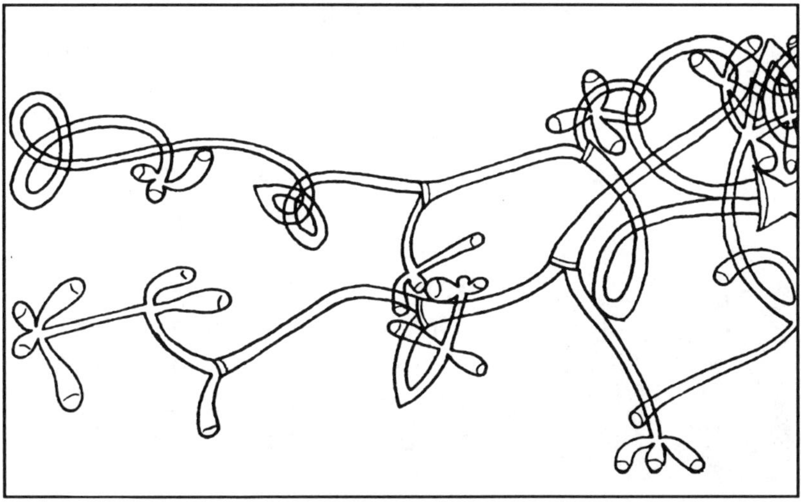

Abb. 1a entstammt dem Detail einer Seite aus dem Book of Kells, welche den von vier Löwen bewohnten Baum des Lebens darstellt und die Buchstaben RTN wiedergibt, Abb. 1b. Die Zeichnung des Baums ist hier in skizzierter Form herausgelöst zu sehen, Abb. 2. Der Baum webt sich von der Seite aus durch die Buchstabenkette und füllt willkürlich deren Leer- und Zwischenräume. Wenn man ihn wie hier aus dem Zusammenhang nimmt, wirkt er schief; üblicherweise ist er symmetrischer.

Abb. 3 derselbe, Detail

Doch er weist noch immer auf die Definition hin, die George Bain für den keltischen Lebensbaum schuf, als er den Namen für das Motiv prägte:

"Man wird feststellen, daß Baum oder Blatt in jedem Beispiel einen logischen

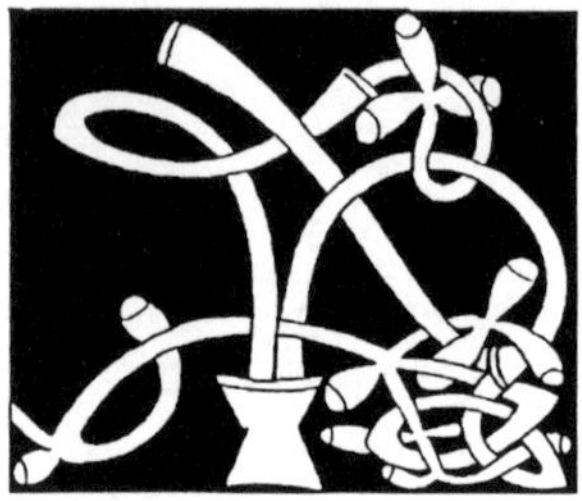

Wachstumsverlauf haben. Er verzweigt sich vom Hauptstamm, um Füllhörner zu bilden, aus welchen andere Äste mit Blättern hervortreten, die dem Mistelzweig mehr als jeder anderen Pflanze ähneln."

Der keltische Lebensbaum kann ebensowenig wie die Löwenhunde oder Kranichadler der keltischen Tiermuster einer bestimmten Spezies zugeordnet werden, doch von allen Lebensbäumen, die mir begegnet sind, ähnelt dieser herausgelöste Baum der Mistel am meisten; er muß sich seinen Weg zwischen den Buchstaben wie der lichthungrige Zweig in den Ästen einer Eiche suchen.

Unabhängig davon, ob der keltische Lebensbaum nun eine Mistel darstellt oder nicht ist er entgegen früherer Vorschläge mit Sicherheit kein Weinstock. Ich stelle ihn mir als keltische Version des Goldenen Zweigs von Frazer vor. Bereits Virgil beschreibt diesen magischen Ast und vergleicht ihn mit der Mistel auf einer Eiche. Der lateinische Poet erzählt, wie Äneas auf seiner Suche nach dem Goldenen Zweig zwei Vögel sah, die sich auf einem Baum niederließen, "der im funkelnden Glanz des Goldes erstrahlte. Die Mistel – eine ursprünglich nicht auf ihrem Baum heimische Pflanze – weist auch im kalten Winterwald frische grüne Blätter auf und windet ihre gelben Beeren um die Stämme; so glänzt auf der dunklen Eiche blättriges Gold, so raschelt die freundliche Brise durch das goldene Blattwerk." Doch wie kommt die Mistel zu der Bezeichnung "Goldener Zweig"? Sie ist grün und hat weiße Beeren, nicht etwa gelbe. Frazer deutet darauf hin, daß der "Goldene Zweig" durchaus ein alter keltischer Name für die Mistel gewesen sein könnte, die auch im Walisischen "der Baum aus reinem Gold" heißt. Vielleicht hat irgendein keltischer Barde Virgil gelesen – oder umgekehrt!

Des weiteren wurde die Mistel aus Frazers Sicht deshalb als golden bezeichnet, weil Gold die Farbe der Sonne ist und man die Pflanze für die reine Lebenskraft des Eichenbaums wie auch für den Samen der Sonne hielt. Man sah die Mistel als Lebensessenz der Eiche, weil sie selbst auf dem blattlosen Baum noch grün wächst; zum Sonnensamen wurde sie, weil man glaubte, die Flamme des brennenden Jul-Stamms* (Anm.d.Übers. Ein Jul-Stamm war ein besonders großes Stück eines Baumstamms, welches üblicherweise zu Mittwinter in den Kamin geschoben wurde und dort während des gesamten Festes brannte.) erwecke die Sonne zu neuem Leben.

Die Mistel wächst nicht aus dem Boden, sondern auf einer Eiche, was sie symbolisch mehr mit dem Himmel als der Erde in Verbindung bringt und sie zu einem Sinnbild für den Geist macht, der sich zwar im Körper aufhält, aber diesem nicht entspringt und genau wie die Mistel zwischen Himmel und Erde hängt. In seinem *Dictionary of Symbols* definiert Tom Chetwynd Gold als "die überdauernde und unbefleckbare Essenz des Lebens, alles, was den allerhöchsten

Wert hat". Die Mistel ist gewißlich ein Symbol der ausdauernden Essenz der Eiche: Jene Pflanze, welche im blattlosen Baum das Weiterbestehen des Lebens enthüllt, weist zugleich auf den höchsten Wert hin, das Überleben. Gold symbolisiert also die Unsterblichkeit des Geistes, den Funken, der im Inneren der sterblichen Seele glüht – so, wie die grüne Mistel auf dem nackten Zweig auf die immer wiederkehrende Hoffnung verweist, die tote Winterzeit zu durchstehen und zu überleben.

In vielen Questen ist das Objekt der Suche goldfarben und hängt oft von einem magischen Baum herab – die Goldenen Äpfel der Sonne, das Goldene Vlies. Der Baum verweist auf das lebendige Universum, dessen wahre Quelle im Urgrund des Seins verwurzelt ist, und auf seine Früchte – den Schatz, den zu suchen sich viele aufmachen, der jedoch nur von wenigen gefunden wird: die voll verwirklichte Identität. Der kosmische Baum ist eine universelle Vorstellung und eine sehr alte zugleich, die auch heute nichts von ihrer Bedeutung verloren hat. Seine Einschätzung als heilig geht auf eine Zeit zurück, in der wir noch unter Bäumen oder sogar *in* ihnen lebten.

Trevelyan beschreibt dies auf lebendige Weise: "Nachdem Britannien eine Insel wurde, war für viele Jahrhunderte lang der ungezähmte Wald sein König. Der feuchte und moosige Boden versteckte sich vor dem Auge des Himmels hinter einem dichtgeschlossenen Vorhang, gewebt aus unzähligen Baumkronen, die in der Brise des sommerlichen Morgengrauens bebten und in die stürmische Musik von Abermillionen von Vögeln ausbrachen; von Ast zu Ast wurde das Konzert mit kaum einer Pause über hunderte von Meilen, über Hügel, Ebene und Berg getragen, vom Menschen ungehört – bis auf dort, wo in größten Abständen hie und da eine Schar in Häute gekleideter Jäger mit der Steinaxt in der Hand verstohlen über den Boden darunter wanderte; unwissend, daß sie auf einer Insel lebten, nicht einmal erträumend, daß es noch andere Bereiche der Erde geben könne jenseits dieses feuchten, grünen Waldlands mit seinen Sümpfen und Tümpeln, in denen sie jagten – der Schrecken aller vierfüßigen Bewohner und selbst in steter Angst."

Abb. 4 Drei Tierbuchstaben

Diese drei Buchstaben entstammen der vorangegangenen Abb. 1b, aus der sie herausgelöst und vom Hintergrund separiert wurden, um den Baum herauszustellen. Auf diese Weise aus dem Zusammenhang genommen, erscheint das Flechtmuster nicht so organisiert, wie es der Fall wäre, wenn die Buchstaben für sich stünden. Es ergibt nicht viel Sinn, sie auf die hier dargestellte Weise zu kopieren, da ihnen all jene Punkte fehlen, an welchen sie mit dem Baum verwoben sind, mit dem gemeinsam sie erst wirklich zufriedenstellende Knoten bilden. Hier ist etwas literarische Freiheit angebracht, deshalb haben wir hier ein wenig Ordnung geschaffen. Wie schon der Baum des Lebens folgen auch sie mit ihren den Hintergrund ausfüllenden, zum Schopf hochgezogenen Mähnen und Schwänzen ihrer eigenen Logik. Die Knoten bestehen aus den dünnsten und die Körper aus den breitesten Bändern, während die Glieder wiederum von mittlerer Dicke sind. Die Verwendung dieser drei Breiten gibt dem Muster eine harmonische Vielfalt. In einem anderen Buch der Celic-Design-Serie habe ich weitere Tierbuchstaben aus dem Book of Kells wiedergegeben; dort finden Sie ein ganzes Alphabet aus Löwen, zu welchem auch diese hier eindeutig gehören.

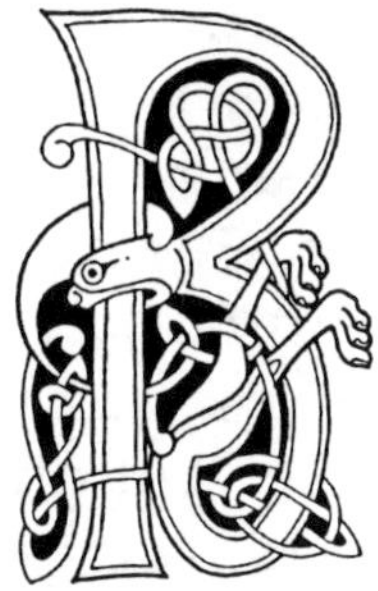

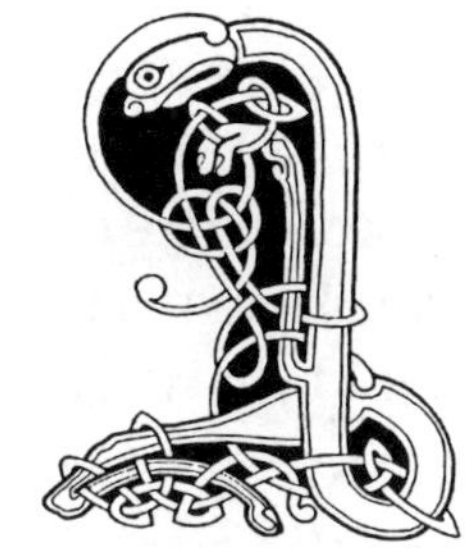

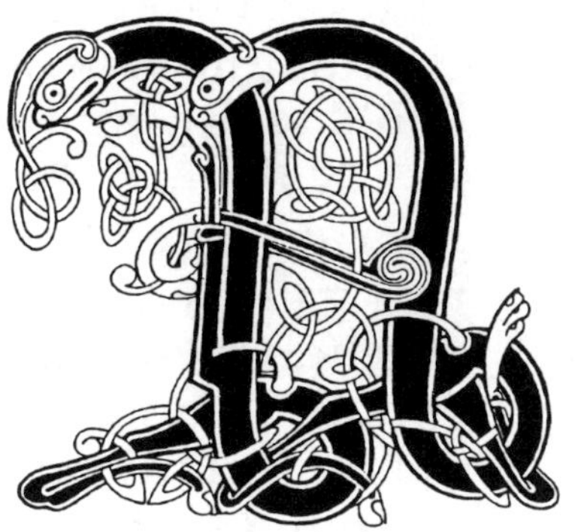

Ich kann Trevelyan nur bis zu jenem Punkt folgen, an dem vom Schrecken der Menschen die Rede ist, denn die steinzeitlichen Jäger teilten die von ihm hier projizierte Angst wohl kaum. Der normale Gemütszustand des Waldbewohners dürfte eher dem eines Amazonas-Indianers geähnelt haben: "Die Bäume sind die Knochen der Erde, Erde ist Fleisch, und Flüsse und Ströme sind Adern: Wenn wir alle Bäume fällen, töten wir unser eigenes Selbst." Bäume bedeuteten im wörtlichsten Sinne die Welt, ja sogar das Leben selbst für diese ersten Bewohner des von Trevelyan beschriebenen Britanniens.

Vor etwa 4000 Jahren – noch ehe die frühsten Indoeuropäer in Richtung Westen und Südosten zogen – bedeckten gigantische Eichenwälder Europa. Der Eichenbaum wurde zum Symbol des Lebens, weil er freigiebig die Versorgung mit Nahrung, Brennstoff und Bauholz sicherstellte. Die Erinnerung an jene Zeiten gab den Anlaß für unsere Ursprungsmythen des Paradiesgartens. Viele Schöpfungsmythen erinnern an ein goldenes Zeitalter, ein Paradies, doch wenn es jemals einen Garten Eden gegeben haben sollte, dann hatte dieser keine Mauern. Wir sind niemals davon abgefallen, sondern haben ihn gefällt.

Viele tausend Jahre länger, als wir jemals aufgezeichnet haben, lebten wir mit dem Murmeln der Eichenblätter in unseren Ohren. Die stete, majestätische Gegenwart des Waldes drang tief in uns ein, um dort zu einem psychischen Modell des Universums destilliert zu werden: dem Baum des Lebens. Die Eiche wurde zur Ikone der Welt für all jene, für die der Wald die Welt *war*.

Wie sehr uns die archetypische Eiche beeinflußt, kann an einem ihrer längst verloren gegangenen Namen ermessen werden: "In der Tat können unsere Worte ‚Wahrheit' (engl. ‚truth'), ‚Vertrauen' (engl. ‚trust') und ‚Baum' (engl. ‚tree') viertausend Jahre zurückverfolgt werden auf ein altes vorindoeuropäisches Wort für Eiche. Man nannte sie *dorw*, was auch ‚fest', ‚stark', ‚ausdauernd' bedeutet ..." Soweit James Powell in *The Tao of Symbols*.

Powell fährt fort zu beschreiben wie die Proto-Indoeuropäer bei ihrer Wanderung nach Indien hinein die Eichenbäume ihrer Heimatländer zurückließen, sie je-

Abb. 5 Lebensbaum-Motiv, Book of Kells

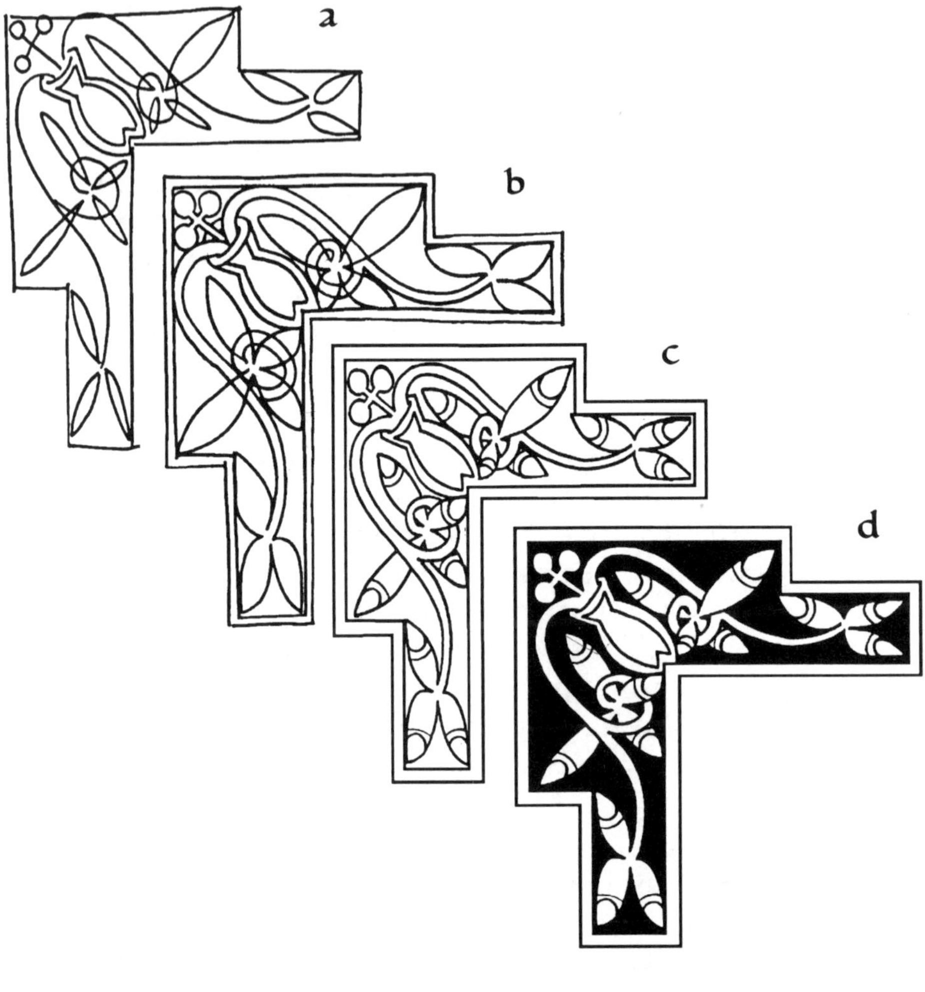

e

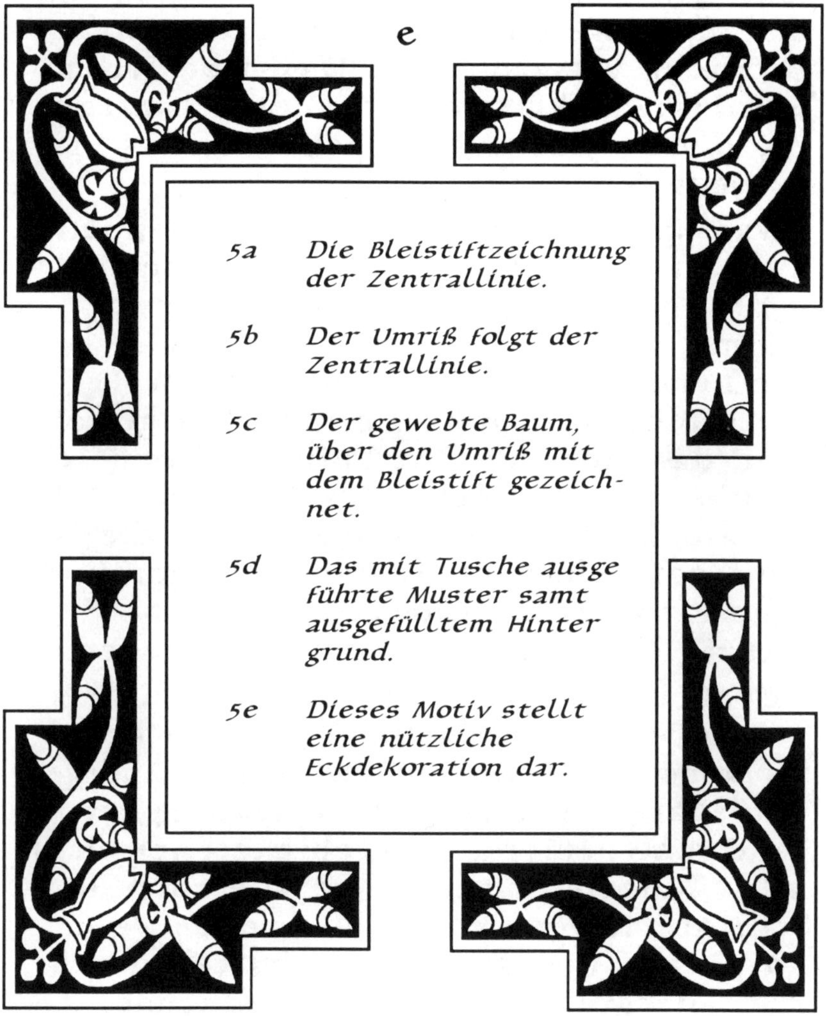

5a *Die Bleistiftzeichnung der Zentrallinie.*

5b *Der Umriß folgt der Zentrallinie.*

5c *Der gewebte Baum, über den Umriß mit dem Bleistift gezeichnet.*

5d *Das mit Tusche ausge führte Muster samt ausgefülltem Hinter grund.*

5e *Dieses Motiv stellt eine nützliche Eckdekoration dar.*

doch in ihrer Sprache überall hin mitnahmen. Das Sanskritwort für Baum lautet *daru,* welches mit dem alten Wort für Eiche verwandt ist. Dasselbe trifft auf das Sanskritwort für den Polarstern zu, *dhruva,* "der Versprechende, der Stete oder Feste".

Was hat der Polarstern mit Eichenbäumen zu tun? Nun, der hier fragliche Pol ist nichts anderes als der "Achsenbaum", und für einen Stamm viehtreibender Wagenfahrer war die Welt vielleicht *wirklich* zu einem Rad geworden, das sich um eine Spindel dreht. Ich glaube, daß die Worte für Eiche und Achse einmal dieselben waren, denn die Essenz der Achse ist es, festzustehen und eine lange Zeit zu halten. Dasselbe Prinzip läßt sich auf Bäume anwenden.

Dorw bedeutete mehr als nur eine bestimmte Art von Baum. Eigentlich bezieht es sich eher auf deren beständige Qualitäten: Die alte Eiche verkörpert Festigkeit, Härte, Langlebigkeit jenseits aller Aufzeichnungen – so wie auch der Polarstern *dhruva* die leuchtende Verkörperung der drei Eigenschaften der *dorw* darstellte: das Versprechende, das Stete, das Feste.

Dieselben Qualitäten der Eiche haben in verschiedenen englischen D-R-Worten überlebt, wie zum Beispiel "durable" (stabil, konstant, andauernd, fest, beharrlich); "endure" (langhaltend); "duress" (Entbehrung) und "duration" (Fortdauer durch die Zeit). All diese Worte lassen sich auf das lateinische *durare* (andauern) und *durus* (hart) zurückführen. Beide Worte beziehen sich auf dieselben Eichenqualitäten, die wir schon im vorindoeuropäischen *dorw* angetroffen haben.

Diese D-R-Laute haben in anderen indoeuropäischen Lauten überlebt, die ebenfalls mit der Eiche als Bezug auf Festigkeit in Raum oder Zeit verwandt sind. Im Griechischen ist dies *drus* für Eiche, *drimus* für hart und *diorthono* für fest, fixiert. Der Zeitsinn ist auch im griechischen *diarkes* (haltbar, bleibend), *diarkeia* (Dauer) und *diarreo* (verstreichen) spürbar. Das gälische Wort für Eiche lautet *dair*, während *doire* (Eichenhain) die Wurzel irischer Ortsnamen wie Derry, Durrow und Kildare bildet. Das Feste taucht auch in Begriffen wie *daoire* (Härte) auf, und *deireanach* (Letztes oder Spätes) deutet ebenso wie *deireadh* (Ende einer Periode oder Zeit) Beständigkeit an.

Druid ist auf ähnliche Weise mit *dorw* verwandt. Vom gallischen *druida* und dem irischen *draoi* (Druide) nimmt man an, daß sie von *druwids* ("weiser Mann der Eichen") abstammen, ebenso *draiodoir*, das Wort für "Zauberer".

Offensichtlich stammt die Bezeichnung "Druide" also von einer D-R-Wurzel ab. Es ist also kein Wunder, daß der von ihnen selbst bevorzugte Beiname "der Starke" lautete. Es bedarf einer gewissen geistigen Stärke, um fest bei den beständigen Dingen des Lebens zu verbleiben.

Schließlich ist es kaum von Bedeutung, ob es sich beim Lebensbaum der keltischen Kunst um eine Mistel oder einen Weinstock handelt. Der Baum steht schlicht für alles, was andauert, wahr bleibt – und bleibt, wie es ist – neben all der Zerbrechlichkeit, Unbeständigkeit und kurzlebigen Umstände.

Der geflügelte Löwe

Die Herrlichkeit Mariens hielt seine Seele gefangen ... ihre Wahrzeichen, die spätblühende Pflanze und der spätblühende Baum –

James Joyce

Aber Gott der Herr sprach: Siehe, der Mensch ist geworden wie unsereiner und weiß, was gut und böse ist. Nun aber, daß er nur nicht ausstrecke seine Hand und breche auch von dem Baum des Lebens und esse und lebe ewiglich! Da wies ihn Gott der Herr aus dem Garten Eden, daß er die Erde bebaute, aus der er genommen war. Und er trieb den Menschen hinaus und ließ lagern vor dem Garten Eden die Cherubime mit dem flammenden, blitzenden Schwert, zu bewachen den Weg zu dem Baum des Lebens (1. Buch Mose 3, 22-24).

Abb. 6 Geflügelter Löwe und gestutzter Baum, North Cross, Dulleek, Irland

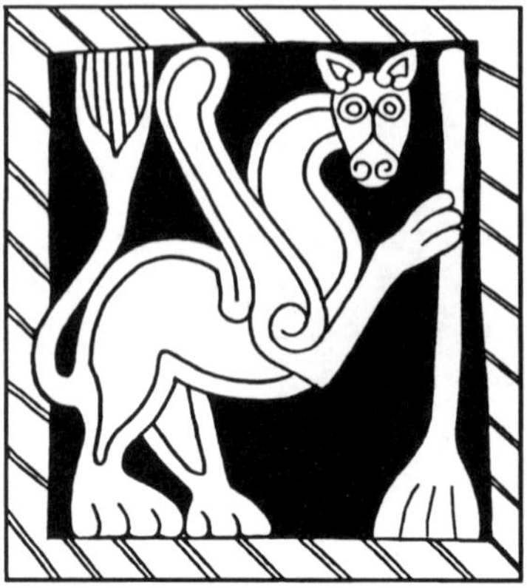

An der Nordküste bei Dulleek zeigt eine kleine, geschnitzte Tafel einen geflügelten Löwen, der etwas hält, das wie ein Besen aussieht, tatsächlich aber ein Pfahl ist, der wie der Schaft eines keltischen Kreuzes aus einem pyramidenförmigen Sockel wächst. Dieses Geschöpf ist mit einem sehr ähnlichen Paar geflügelter, eine Palme haltender Löwen auf einem gemeißelten Steinkreuz in der Abtei von Durrow verwandt, Abb. 7. Henry Crawford sagt über den Palmbaum zwischen den geflügelten Löwen: "Dies ist ein interessantes Beispiel für eines der ältesten und am weitesten verbreiteten symbolischen Muster, doch es ist schwer zu sagen, wie es auf ein irisch-christliches Denkmal kam. Man hat es auf assyrischen Steinplatten und Steinzylindern gefunden sowie auf bestimmten alten Gebäuden in Kleinasien."

Abb. 7 Palmbaum zwischen Löwen, Abtei von Durrow, Irland

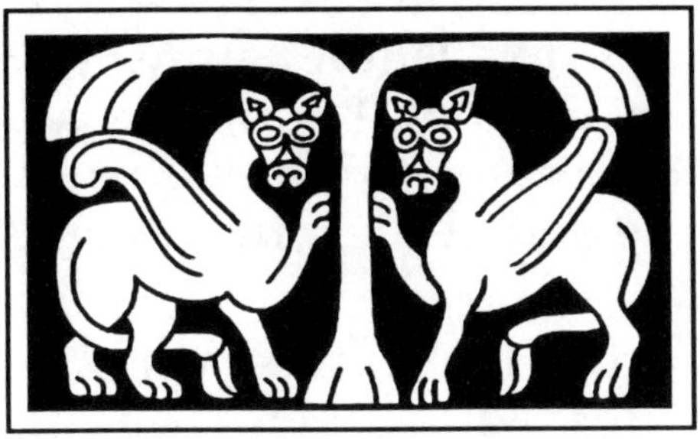

Der Umstand, daß sowohl Pfahl als auch Palmbaum auf den Kreuzen in Durrow und Dulleek vom selben Geschöpf – einem geflügelten Löwen – dargestellt werden, weist auf die symbolische Gleichwertigkeit von Baum und Säule hin. Immerhin handelt es sich bei der Säule um einen gestutzten Baumstamm. Crawford fügt hinzu, daß in anderen Varianten des Musters Menschen anstelle von Tieren in Anbetung zu sehen sind, und teilweise finden wir anstelle des Baums eine Säule oder einen Altar. Es könnte die Absicht der Schöpfer dieser Muster gewesen sein, mit dem pyramidenförmigen Sockel einen Altar anzudeuten. Dies ist sicher dann der Fall, wenn er den Schaft eines keltischen Kreuzes stützt. Baum und Säule sind weiterhin darin verwandt, daß beide als Symbole der Weltachse Verwendung fanden, die ihrerseits für das zentrale Prinzip des Universums steht. Folglich wurden sowohl Baum als auch Säule als Stellvertreter für das Kreuz, das endgültige Symbol der heiligen Mitte verwendet.

Man kann das Kreuz als vereinfachtes Diagramm des Baums des Lebens sehen: Die senkrechte Achse repräsentiert den Stamm und die waagrechte die Zweige. Die durch den Baum oder die Säule symbolisierte Vereinigung von Himmel und Erde findet auch im Kreuz ihren Widerhall; die waagrechte Linie bezieht sich auf die irdische Ebene und die senkrechte auf die himmlische Achse. Die kosmische Säule ist wie der Schaft des Kreuzes ein Sinnbild der göttlichen Menschwerdung; sie durchdringt die menschliche Ebene von oben und stützt sie von unten – genau wie der Schaft des Kreuzes den waagrechten Arm durchschneidet. Folglich sind der Baum des Lebens, die kosmische Säule und das Kreuz austauschbar, weil sie sich auf denselben Gedanken beziehen – den eines zentralen göttlichen Prinzips.

Abb. 8 Griechische Schnitzerei, Priene

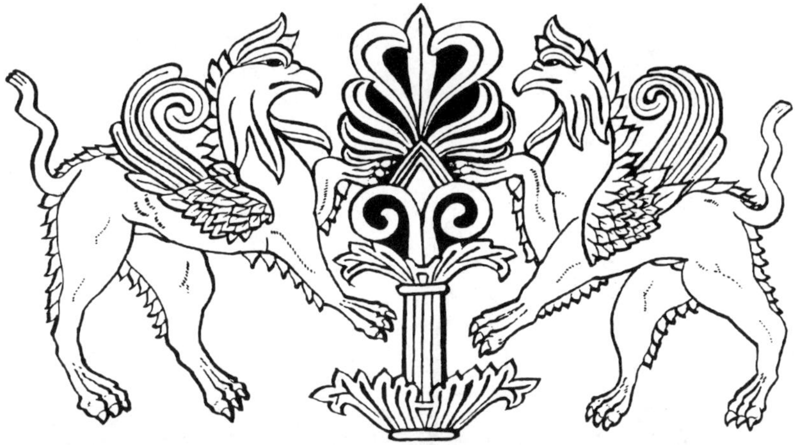

Auf dieser Abbildung vereinen sich Säule und Baum, wobei anstelle der Löwen Greife zu sehen sind. Ein Greif ist sowohl Adler als auch Löwe und, wie auch in *Drache und Greif* erwähnt, der Prototyp des Tieres nach deutscher Art, welches in der keltischen Kunst zuerst im Book of Durrow aus dem 7. Jhd. erschien und nach den Wikingern wieder auftauchte. Es handelt sich um ein königliches Wappen, das die Tiere von Himmel und Erde miteinander verbindet und so mit dem Kreuz als Symbol der Vereinigung von Himmel und Erde verwandt ist. Auf diese Weise wurde der Greif in der mittelalterlichen Kunst zu einem Sinnbild für Christus.

Abb. 9 Tetramorph, Evangelium von Trier

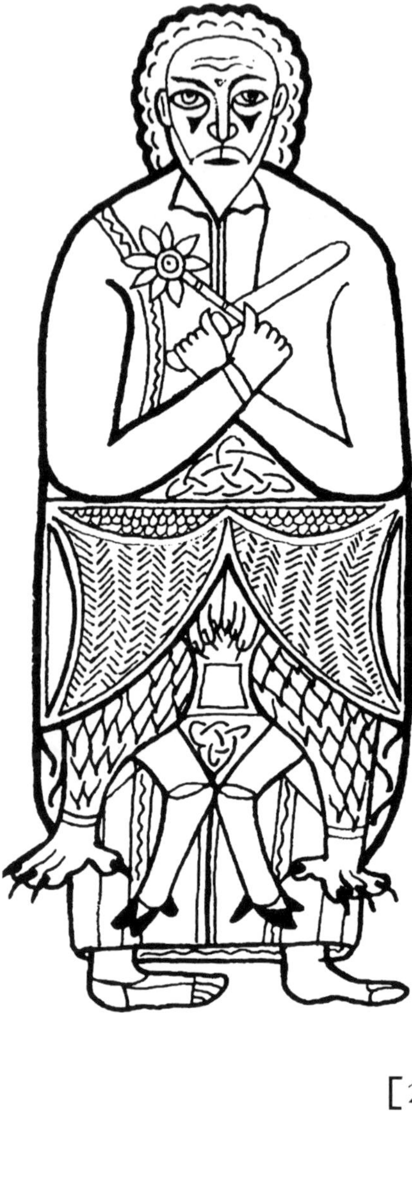

Der Mann hält in der linken Hand ein Schwert und in seiner Schwerthand einen blühenden Stab. Er bietet Frieden an, bevor er ein strenges Gericht abhält. Ein über seine linke Schulter geworfener Lederumhang ist mit Adlerschwingen und -klauen sowie mit den Hinterbeinen eines Löwen und eines Kalbs gegürtet. Die Folge der Symbole Kalb, Löwe, Adler und Mensch spiegelt die vier Jahreszeiten wie auch die vier Lebensalter des Menschen wieder. Das graue Haar und der graue Bart, die hohlen Wangen und das faltige Gesicht weisen ihn als einen Mann aus, der sich im Winter seines Lebens befindet. Beide Füße weisen im irischen Stil des Book of Durrow nach links: Er geht nicht nur wie eine ägyptische Hieroglyphe, sondern hält Schwert und Blüte darüber hinaus wie den Hirtenstab und Flegel des Osiris.

Da der geflügelte Löwe das Sinnbild des heiligen Markus ist, kann ein solcher Löwe im assyrischen Stil durchaus in ein mittelalterliches Kreuz einbezogen worden sein. Die Symbole der vier Evangelisten leiten sich schlußendlich aus der mesopotamischen Astrologie ab. Die hier verwendeten Symbole Homo, Vitulus, Leo und Aquila entsprechen den Tierkreiszeichen Wassermann, Stier, Löwe und Skorpion (wobei der Adler den erhöhten Aspekt des Skorpions darstellt).

Diese den Jahresvierteln entsprechenden Zeichen beschreiben das himmlische Kreuz. Die frühen Mönche sahen das Bild des Kreuzes durch diese vier fixen Tierkreiszeichen in das Gefüge von Raum und Zeit geprägt. Manchmal wurden die Geschöpfe mit vier Flügeln dargestellt; in den Visionen von Hesekiel und dem heiligen Johannes kennzeichnen vier Flügel innerhalb der Hierarchie der Engel die Cherubime. Im Tetramorph des Trierer Evangeliums werden all diese Attribute kombiniert, Abb. 9. Kalb, Löwe und Adler bilden die Schürze des Mannes.

Abb. 10 Figur zwischen zwei Löwen, kretisches Schmuckstück

Ich finde es weitaus schwieriger, den Minotaur auf dem Marktkreuz von Kells zu erklären (Abb. 11). Er leitet sich aus einer Variante des Motivs vom geflügelten Löwen mit Baum ab und wurde "der Dämon zwischen zwei Löwen" oder, wenn eine Figur den Baum oder die Säule ersetzt (Abb. 10), auch "der Herr der Tiere" genannt.

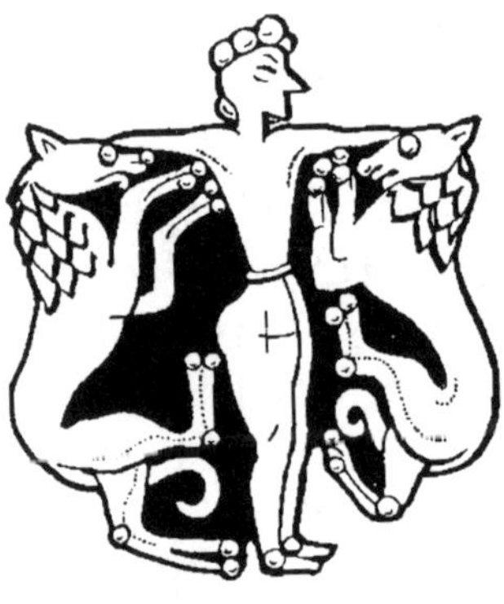

Die Figur auf dem Marktkreuz hat den Schwanz eines Löwen und ergreift die Schwänze seiner Begleiter, welche in sein Ohr flüstern. Die Gestalt zwischen zwei Tieren war ursprünglich ein Sonnensymbol, von den Tieren an beiden Seiten benagt, wodurch sich der Tag verkürzt. Der solare Sieger hingegen wurde oft die beiden Tiere in Schach haltend oder sie in den Boden trampelnd dargestellt. Die Figur auf dem kretischen Schmuckstück scheint die sie begleitenden Löwen gezähmt zu haben; das

Abb. 11 Trimorph zwischen zwei Löwen, Marktkreuz, Kells

Tätscheln der Köpfe weist auf die Tagundnachtgleiche bzw. auf das Gleichgewicht der Kräfte von Licht und Dunkelheit hin.

Eine andere Variante dieses Motivs ist der Triumph der beiden Löwen, welche die Sonne bis zu ihrem völligen Stillstand – der Wintersonnenwende – verzehren.

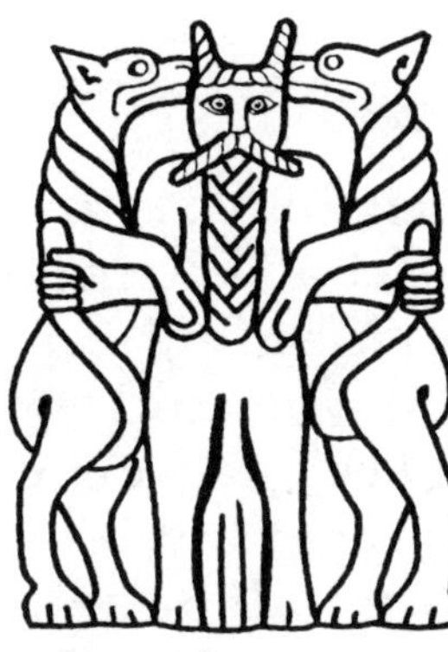

Wie auf der piktischen Kreuzplatte bei Dunfallandy (Abb. 13) zu sehen, verbleibt nur ein Kopf zwischen ihren nagenden Mäulern. Hier handelt es sich beim Tier um eine Seeschlange, deren Kopf anstelle jenem des Löwens der eines Wolfes sein könnte. Die Rückseite des piktischen Kreuzsteins, von dem diese Figur stammt und die schon als "steinerne Seite" beschrieben worden ist, kann ohne weiteres mit verschiedenen, von löwenköpfigen und fischschwänzigen Schlangen gerahmten Seiten des Book of Kells verglichen werden.

Abb. 12 Christus mit zwei Löwendrachen, Book of Kells, Folio 2v, 750 n. Chr.

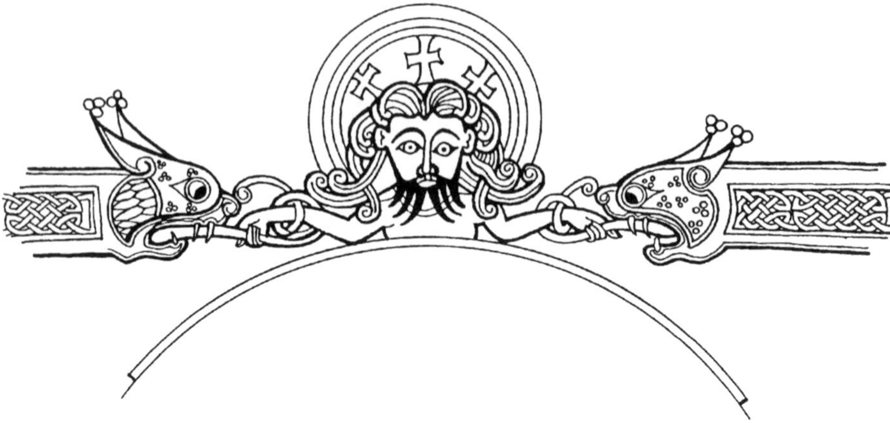

Beide Varianten des Sonnenwendemotivs kommen in der keltischen und germanischen Kunst seit frühesten Zeiten vor und später auch im Book of Kells, wo eine weißgewandete Christusgestalt zwischen den Köpfen zweier Löwendrachen deren Zungen ergreift, Abb. 12. Die Figur auf dem Marktkreuz von Kells (Abb. 11), welche die Schwänze der Löwen um deren Körper windet, scheint mit ihren Begleitern vertraulicher umzugehen. Man hat behauptet, es handle sich hier um den alt-keltischen gehörnten Gott Cernunnos, den gallischen Herrn der Hirsche, doch dann soll-

Abb. 13 Kopf zwischen zwei Ungeheuern, piktisch, 750 n. Chr.

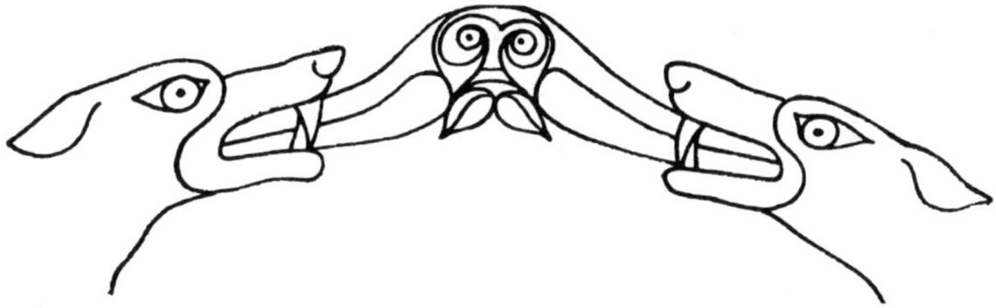

te der Hirsch ein Geweih und keine Hörner haben. Ein wahrscheinlicherer Kandidat könnte der irische Sonnengott Bile sein, der mit dem Gott Baal bzw. dem biblischen Goldenen Kalb verwandt ist. Damit könnten zumindest die Hörner erklärt werden.

Höchstwahrscheinlich ist die Gestalt auf dem Kreuz aus Kells eine Verbindung dreier evangelistischer Symbole mit den Hörnern des Kalbs, dem Schwanz des Löwen und dem Körper eines Menschen. Ich denke, dies trifft vor allem deshalb zu, weil sich die Darstellung auf dem Marktplatz von Kells befindet, wo auch das Book of Kells beheimatet war und zu Rate gezogen werden konnte. Auf jener Seite des Book of Kells, auf der die Figur die Zungen zweier Löwen im Griff hält, erhebt sie sich aus einem bogenförmigen Gewölbe, welches einen Menschen, einen Löwen und einen kalbsköpfigen Adler enthält. Auf Folio 3r erscheint sie zwischen zwei Löwen hinter oder aus einem goldenen Baum, auf dem zwei Vögel sitzen (eine Erinnerung an Virgils Goldenen Zweig), auch hier kommt sie aus einem Gewölbe, in dem sich nur drei der vier evangelistischen Symbole befinden: Mensch, Löwe und Kalb. Umseitig, auf Folio 3v, ist eine Kombination aus Kalb und Löwe zu sehen. Auf der nächsten Seite jedoch, Folio 4r, blicken Mann und Löwe auf die Frontalansicht eines Löwenkalbs, und diese Darstellung könnte das Muster des Marktkreuzes inspiriert haben. Wenn im Book of Kells zwei der vier evangelistischen Symbole miteinander verschmolzen werden können, warum dann nicht auch drei – Mensch, Löwe und Kalb –, wie auf dem Kreuz von Kells?

Im Book of Kells, f. 2v (Abb. 12), sind die Schwänze der Löwenschlangen beiläufig hinter dem vasenförmigen Kapitell einer Säule verborgen, welche den Bogen eines von der weißgekleideten Sonnenform des Christus erstiegenen

Gewölbes stützt. Die Kapitelle tragen das Gewölbe genau so, wie die kosmische Säule den Himmel trägt. Faszinierenderweise kommt die löwenköpfige Schlange auf dieselbe Weise aus einem Trinkbecher über einem Kessel wie der Baum des Lebens aus seinem Topf wächst. Die Säule sieht mehr wie ein Tintenfaß auf einem Ständer aus als wie eine klassische Säule, und das vielleicht mit Absicht. Der untere Teil des Kapitells ist kesselförmig, was nahelegt, daß die gesamte Säule eher an die Form eines großen, eucharistischen Kelchs erinnern soll. Hinter vier dieser Säulen schweben drei kreisförmige, auf Ständern ruhende Rahmen, von denen jeder eine zentrale Rundung aufweist, welche die Form eines liturgischen Gefäßes zur Aufbewahrung von geweihten Hostien auf dem Altar nahelegt. So könnten sich die Säulen und Rundungen auf das Abendmahl aus Brot und Wein beziehen.

Im walisischen Book of St. Chad, Abb. 14, ist der heilige Lukas mit zwei Insignien zu sehen, einem goldenen Kreuz mit einer rosigen, achtblättrigen Blüte und einem Stab, der sich in zwei Spiralen verzweigt, aus denen jeweils sieben kleine Kleeblätter spitz wie Kerzenflammen austreten. Sie repräsentieren zwei verschiedene Formen des Lebensbaums, das Rosenkreuz und den auf wundersame Weise sprießenden Stab. Der heilige Lukas ist von einer weißgetupften Seeschlange mit zwei Hundeköpfen eingerahmt; die Köpfe zeigen jedoch nicht zu ihm, sondern von ihm weg. Hier steht der heilige Lukas für den Sonnenheld. Die Hundeköpfe auf der Doppelschlange können vielleicht mit den beiden wolfsartigen Köpfen auf der piktischen Kreuzplatte von Dunfallandy, Abb. 13 verglichen werden; letztere wurde kurz nach der Zeit des Book of Kells gemeißelt. Die achtblättrige Rosette ist ebenfalls ein Symbol der heiligen Mitte und wurde im frühen keltischen Christentum anstelle des Kreuzes verwendet. Hier wird sie mit dem Ring des keltischen Kreuzes verbunden. Sie entspricht auch der achtblättrigen Blüte des Trierer Tetramorphen, Abb. 9, wo der Mann Stab und Schwert wie die Wahrzeichen des heiligen Lukas im Book of Chad gekreuzt hält. Françoise Henry nennt diese Haltung mit gekreuzten

Abb. 14 Portrait des heiligen Johannes, Evangelium von St. Chad, Wales

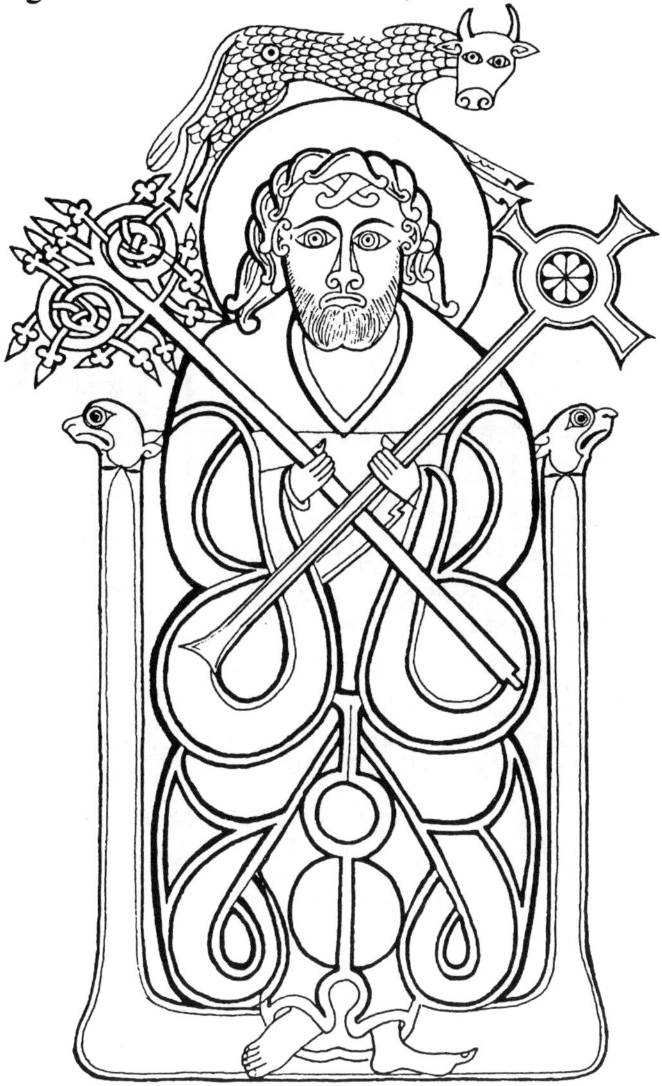

Abb. 15 Erzengel mit blühendem Stab, Book of Kells

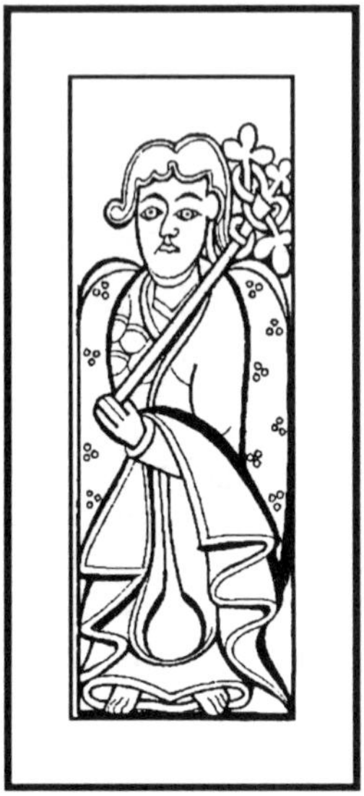

Wahrzeichen spiritueller Autorität die "Osiris-Pose".

Osiris, der stirbt und wiedererweckt wird, der Richter der Toten, hält Flegel und Hirtenstab mit seinen gekreuzten Armen. Es gibt auch eine mythische Verbindung zwischen Osiris und dem Baum des Lebens. Nachdem Osiris ermordet worden war, warf man seinen Sarg in den Nil. Er trieb zu einer weit entfernten Küste, wo ein prachtvoller Baum zu wachsen begann, der den Sarg einschloß. Dann erregte der Baum die Aufmerksamkeit eines örtlichen Königs, der ihn fällen und zu einer Säule für seinen Palast bearbeiten ließ. Die auf der Suche nach Osiris Körper herumwandernde Isis kam zu dieser Säule, die beim Geräusch ihrer vorbeiziehenden Schritte Blätter zu treiben begann, wodurch Isis erkannte, am Ziel ihrer Suche angelangt zu sein.

Abb. 16 Illuminierter Buchstabe M, Book of Kells, Folio 12r

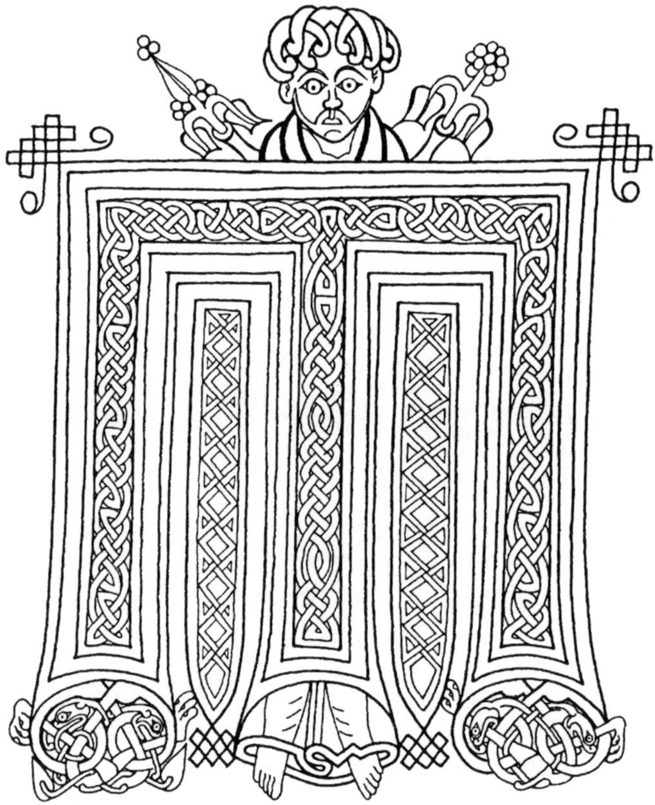

Die Gestalt hinter dem Buchstaben hält einen verzweigten und einen blühenden Stab. Die Schäfte der Stäbe geben die Form des Topfes wieder, aus dem der keltische Lebensbaum entspringt und auch jene des Kürbis. Beides sind Symbole des Lebens.

Abb. 17 Blühende Stäbe, Book of Kells

a b c

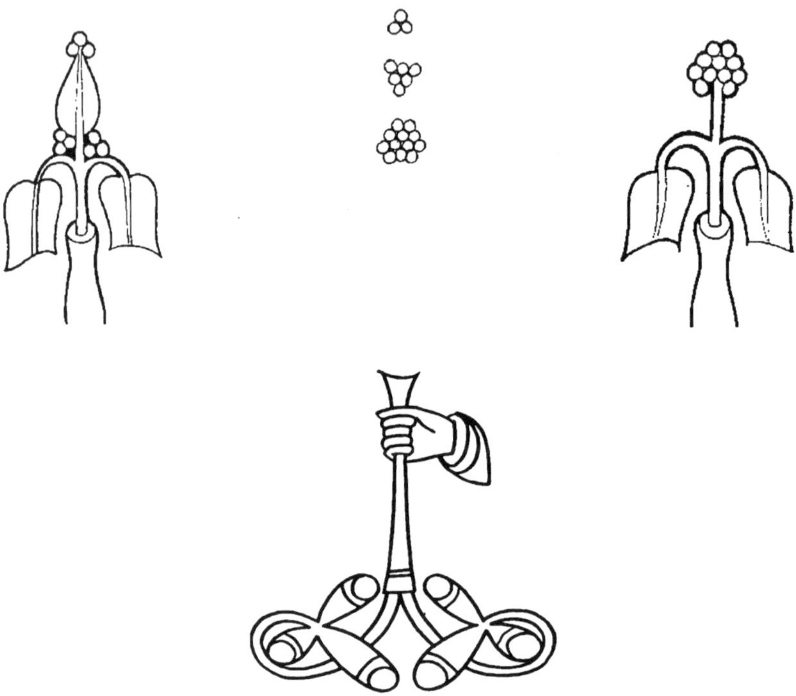

d

So wurde diese blühende Säule in Ägypten zum Wahrzeichen der Auferstehung. Deren Entsprechung in der keltischen Kunst ist der blühende Stab oder das sich verzweigende Szepter, bescheidenere Versionen vom Baum des Lebens. Wenn sie in diagonal gekreuzter Form dargestellt werden, bilden die Stäbe den Buchstaben X, das Kreuz der Auferstehung.

Im Durham Cassiodorus, Abb. 18, kehrt die zweiköpfige Schlange in minimierter Form wieder, verkürzt wie die Mittsommernacht selbst. David hält hier sowohl eine Lanze als auch einen Ring, der von seinem eigenen Namen aufgeteilt wird. Der gravierte Kreis bezieht sich auf das Königshaus des David, auf welches die Herkunft von Christus zurückgeführt wird. Davids Vater war Isai, und man sagt von Christus, er sei "dem Baum Isai" entsprungen – eine andere mögliche Bezugnahme auf den Baum des Lebens.

Die Lanze – ebenso ein Gegenstück des heiligen Grals wie auch seine königliche Krone – verbindet Himmel und Erde diagonal durch Davids eigenes, auf diese Weise aufgespießtes Herz.

Abb. 18 David, Durham Cassiodorus

(Beachten Sie die blattförmige Speerspitze.)

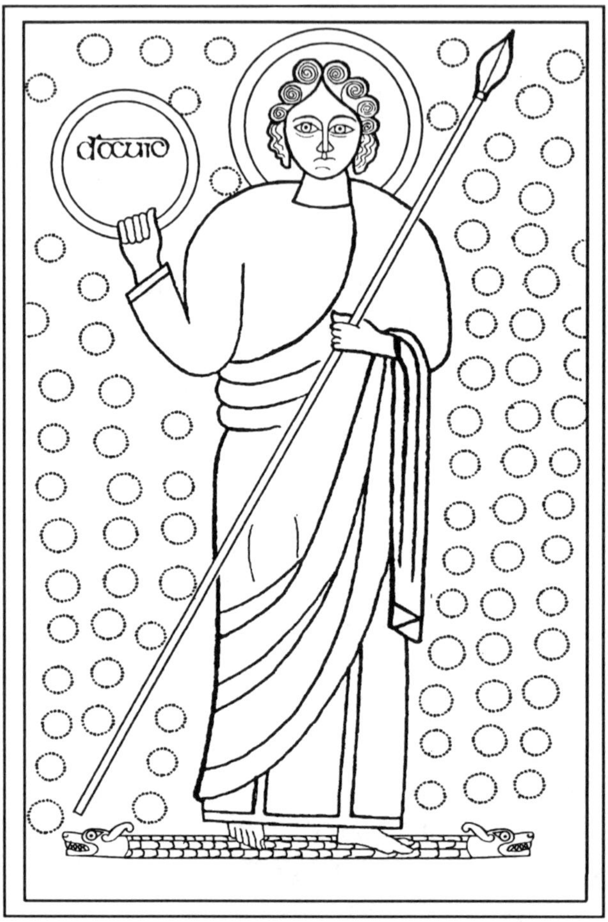

Die Schlange auf dem Baum

Der ist wie ein Baum,
gepflanzt an den Wasserbächen,
der seine Frucht bringt zu seiner Zeit,
und seine Blätter verwelken nicht.
Und was er macht, das gerät wohl.

Psalm 1,3

Tatsächlich scheint der Garten Eden auf offensichtliche Weise in Verbindung zum Baum des Lebens zu stehen. Dort treffen wir die Schlange auf dem anderen paradiesischen Baum an, dem Baum der Erkenntnis von Gut und Böse oder der Dualität. Auf keltischen Kreuzen wird die Schlange in Darstellung des biblischen Sündenfalls wiedergegeben, sie findet sich jedoch fast nie auf dem keltischen Lebensbaum, der üblicherweise von Vögeln oder Katzen erfüllt ist.

Der Symbolismus der Schlange auf dem Baum ist auf engste Weise mit dem des geflügelten, den Baum des Lebens bewachenden Löwen verbunden. Als Beispiel kann hier das berühmte, etwa 2025 v.Chr. in die grüne Specksteinvase des Königs Gudea von Lagash geritzte Bild dienen, Abb. 19. Es ist dem Schlangengott Ningizzida gewidmet, dem "Herrn des Baums der Wahrheit" und Gefährten der Göttin. Joseph Campbell beschreibt das Bild als zwei um einen Stab gewundene und sich paarende Vipern, die von "zwei geflügelten Drachen von der Art, die als Löwenvogel bekannt ist" flankiert werden. Er vergleicht die Schlangen mit dem Caduceus des Hermes, dem Wahrzeichen des Berufsstands der Mediziner. Doch bei näherer Betrachtung wird deutlich, daß es sich bei den zwei Schlangen tatsächlich nur um ein einziges Tier handelt, das zwei Köpfe hat. Sie hat zwei Aspekte und vereint die Gegensätze des Männlichen und Weiblichen in sich, was zum Ausdruck gebracht wird durch ihre Bewegung von einer Seite zur anderen, auf dem Land wie auch im Wasser, und in der Form ihres Kopfes, der sich vom männlichem zum weiblichen Erscheinungsbild wandelt, wenn die Kiefer sich öffnen, Abb. 21.

Abb. 19 Der Herr der Schlangen, sumerische Vase

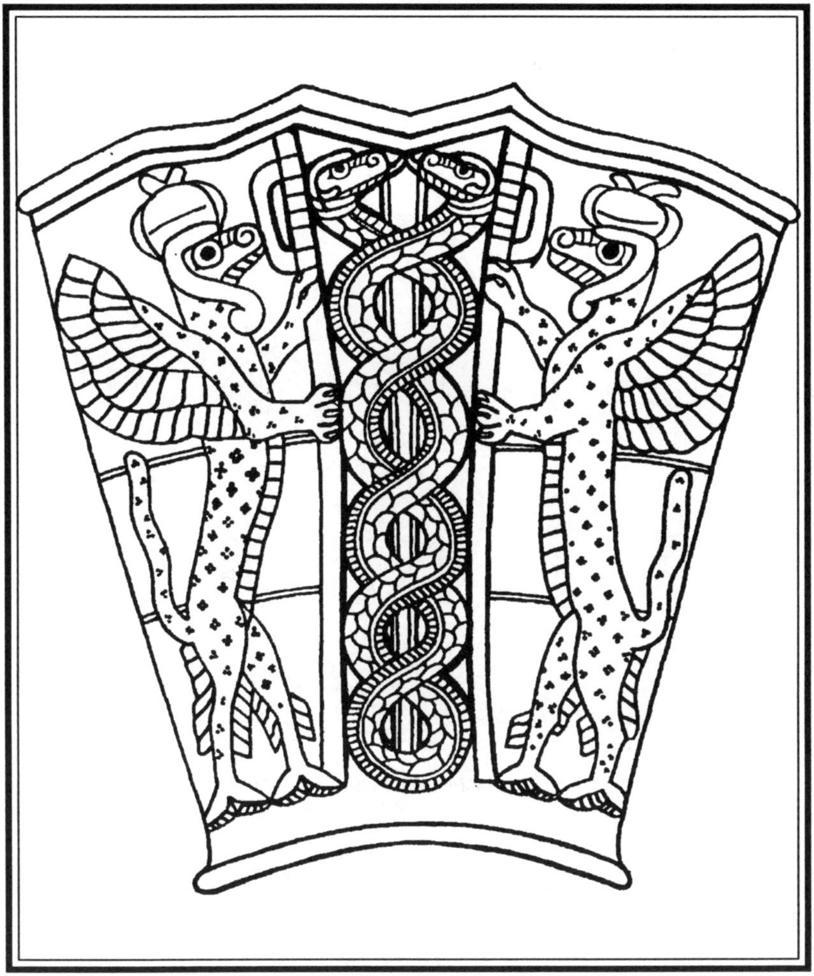

Abb. 20 Die Schlange auf dem Baum

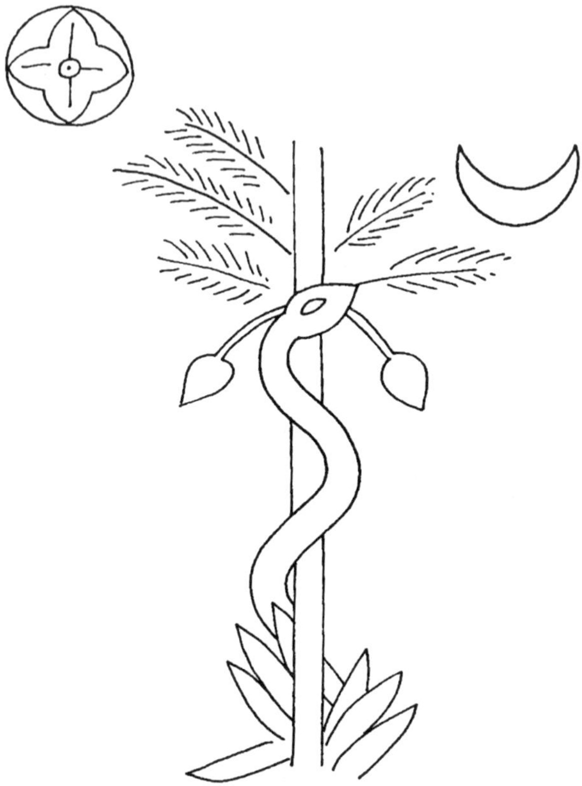

Von einer bemalten elamitischen Schale der späten sassanischen Periode (226-641 n. Chr.). Die Dattelpalme ist einer sich verzweigenden Säule sehr ähnlich. Auf gegenüberliegenden Seiten befinden sich zwei Früchte, die Sonne und Mond entsprechen, mit der zur lunaren Frucht aufsteigenden Schlange.

Abb. 21 Der Kopf der Schlange

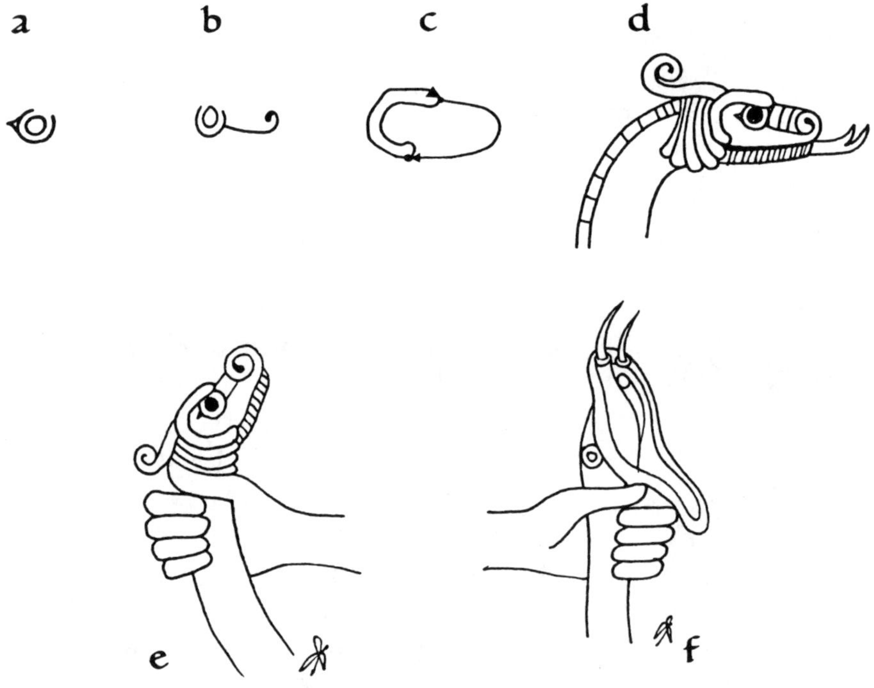

"Der phallische Hinweis ist unmittelbar, und etwas indirekter wird das weibliche Organ ebenfalls angedeutet; so wird ein doppeltes Bild interpretiert, das ausschließlich auf die Gefühle und Empfindungen wirkt." – Joseph Campbell

Abb. 22 Zweiköpfige Schlange, spät-
sumerisch

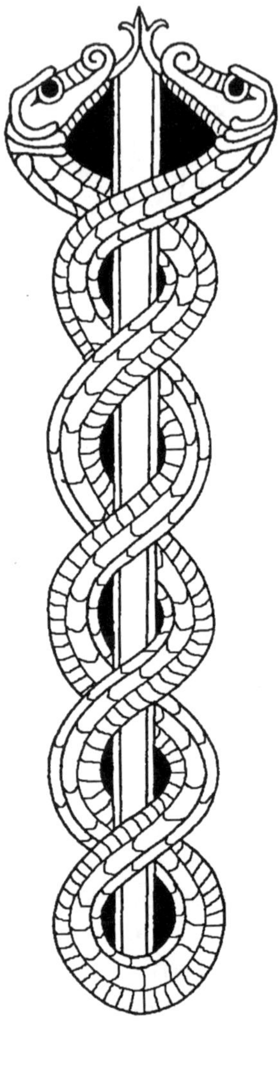

Die doppelköpfige Schlange auf Gudeas Vase, Abb. 22, symbolisiert also die Vereinigung der Gegensätze rings um das zentrale, zusammenfassende Prinzip, worin auch die Bedeutung von Sonne und Mond besteht, wenn sie den Baum auf der bemalten elamitischen Vase flankieren, Abb. 20. Auf dem Kreuz von Muiredach (Abtei von Monasterboice, Irland) erscheint eine weitere Form dieses Symbols gekrönt von der Hand Gottes, Abb. 23. Dasselbe Kreuz zeigt Christus vor dem Gericht mit einem Kreuz und einem sich verzweigenden Stab, ähnlich dem des heiligen Lukas im Evangelium von St. Chad, Abb. 14.

Eine weitere Tafel auf dem Kreuz von Muiredach zeigt den Baum des Lebens

Abb. 23 Die Hand Gottes, Kreuz von Muiredach, Abtei von Monasterboice

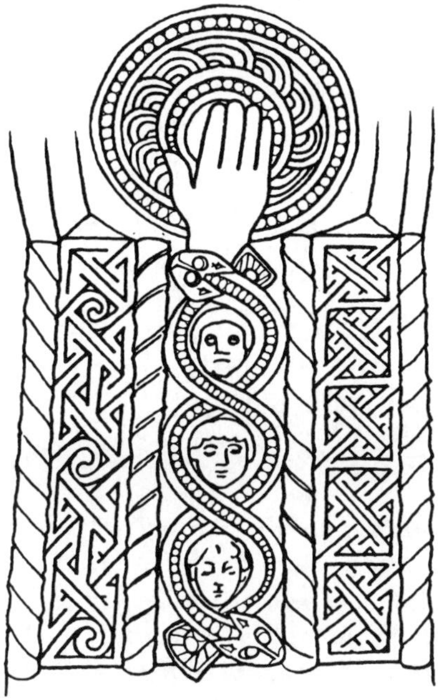

Die von einem Heiligenschein umgebene rechte Hand reicht die runde Abendmahlshostie. Sie ist unter dem Ring des Kreuzes eingeritzt, wohin der Betrachter seine Augen hinaufrichten muß. Das Bild zeigt also eine Hand, die im Begriffe ist, die Hostie auf die Zunge des Abendmahlsempfängers zu legen. Aus diesem Grund wird die rechte Hand umgedreht gezeigt. Auf der gegenüberliegenden Seite des Kreuzes werden die Köpfe und Schlangen wiederholt, doch mit zwei Löwen anstelle der Hand. Am Fuße desselben Kreuzes befinden sich zwei Katzen.

Abb. 24 Miteinander verwundene Schlangen, von einem frühen akkadischen Siegel, ca. 2200 v. Chr.

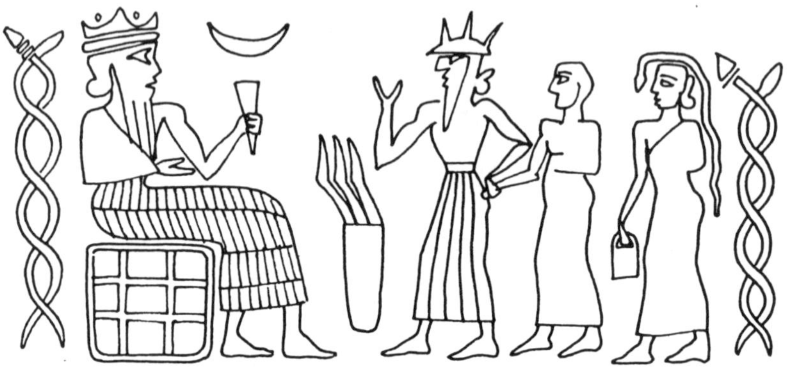

In den Worten Joseph Campbells zeigt diese mysteriöse Kultszene "die Gottheit in menschlicher Form, inthronisiert, mit dem Sinnbild des Caduceus hinter und dem Feueraltar vor sich." Die Gestalt bietet ein mit dem Unsterblichkeitselixier gefülltes Horn dar, worauf die Mondsichel hinweist, welche die immer wiederkehrende Erneuerung des Lebens durch den Tod symbolisiert – so, wie der neue Mond aus dem alten erwächst. Vor ihr brennt mit drei Flammen das Feuer der Reinigung. Dem Altar der Reinigung nähert sich der sterbliche Geist bei seinem Eintritt ins Leben nach dem Tod, an der Hand von einer gekrönten männlichen Gottheit geführt und von einer weiblichen, mit dem Schlangensymbol der Wiedergeburt gekrönten und einen Eimer tragenden Gestalt begleitet. Auf jeder Seite befinden sich zwei sich paarende Schlangen, die sich um eine unsichtbare senkrechte Achse winden.

von zwei Löwen bewohnt mit zwei Vögeln darauf (zu sehen auf Seite 6). Die miteinander verwundenen Schlangen von Abb. 23 sind einander entgegengesetzt, eine zeigt hinauf und die andere hinunter. Sie umschließen drei Köpfe, welche in Anbetracht der Hand Gottes darüber die Heilige Dreifaltigkeit repräsentieren könnten. Die Doppelspirale zweier gewundener Schlangen wurde auf einem frühen akkadischen Siegel gefunden (etwa 2200 v. Chr.), wo sie eine kultische Szene flankierende Säulen bilden, Abb. 24.

Auf einem syrisch-hethitischen Siegel wird das Symbol des Baums oder der Säule von der aus einer Schlange gebildeten Doppelspirale zwischen zwei Darstellungen des Gilgamesh ersetzt, Abb. 25. Entlang der Säulenachse kann man zwölf Rollen sehen, die dem Tierkreis entsprechen. Eine dreizehnte liegt unter den Händen der Diener verborgen und bedeutet vielleicht den Mittelpunkt, um den sich die anderen zwölf drehen. An der Spitze der *Axis Mundi* befindet sich ein Sonnensymbol oder der Polarstern, wie der Stern auf einem Weihnachtsbaum.

Abb. 25 Kosmische Säule, syrisch-hethitisches Siegel

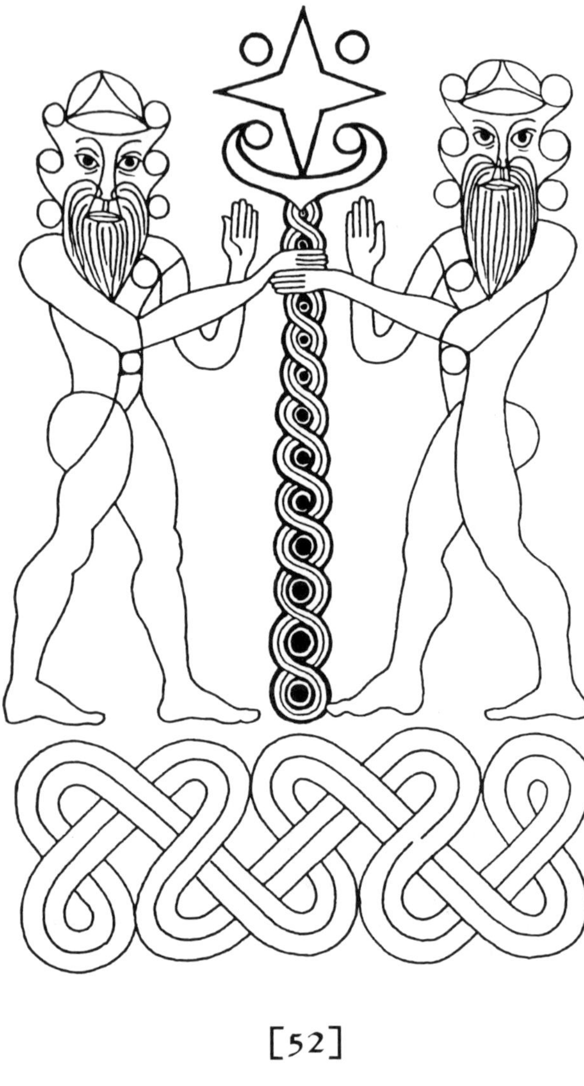

Zwei Vögel auf einem Baum

Zwei Vögel, fest miteinander verbundene Gefährten,
halten sich fest nah einander am selben Baum.
Mundaka Upanishad

Dr. A.K. Coomaraswamy, während vieler Jahre Kurator des Museum of Fine Arts in Boston und unermüdlicher Verfechter traditioneller wie auch sakraler Kunst, ermutigte George Bains in der Überzeugung, zu der dieser gegen Ende seiner Laufbahn gelangt war, daß die keltische Kunst zu einer Hauptströmung gehört, welche jede Form sakraler Kunst weltweit durchdrungen hat.

Dem Vorwort seines einflußreichen Buchs *Celtic Art, the Methods of Construction* fügt Bain einen auf Juni 1947 datierten Brief bezüglich der zwei Vögel auf einem Baum an, in welchem Coomaraswamy bestätigt, daß diese ein

Abb. 26 Zwei Vögel auf einem Baum, Book of Kells, Folio 129v, Grundriß

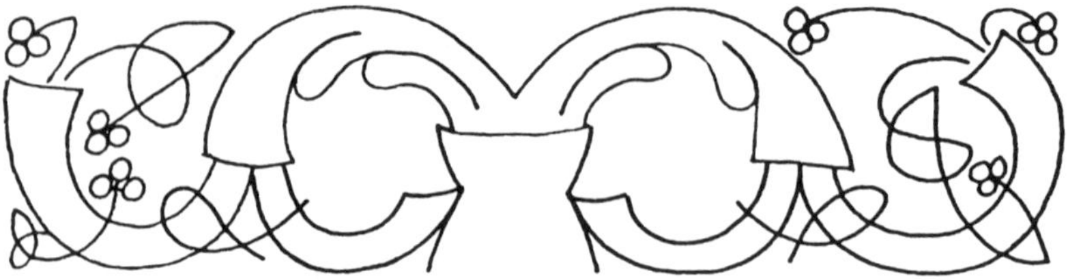

Variation 1: Bleistiftgrundriß des Baums

Symbol der Freundschaft zwischen Geist und Seele sind – die *zwei* Vögel stehen für das universale und das individuelle Selbst (wahres Selbst und Ego).

Einer Tradition zufolge ißt einer der Vögel selbstsüchtig die Früchte auf, während der andere zusieht. Der eine ist der Erlebende, der die Dinge persönlich nimmt und der andere der Zeuge, jene Kernidentität, die alle Menschen gemeinsam haben.

Abb. 27 Zwei Vögel auf einem Baum, Book of Kells, Folio 129v, Grundriß

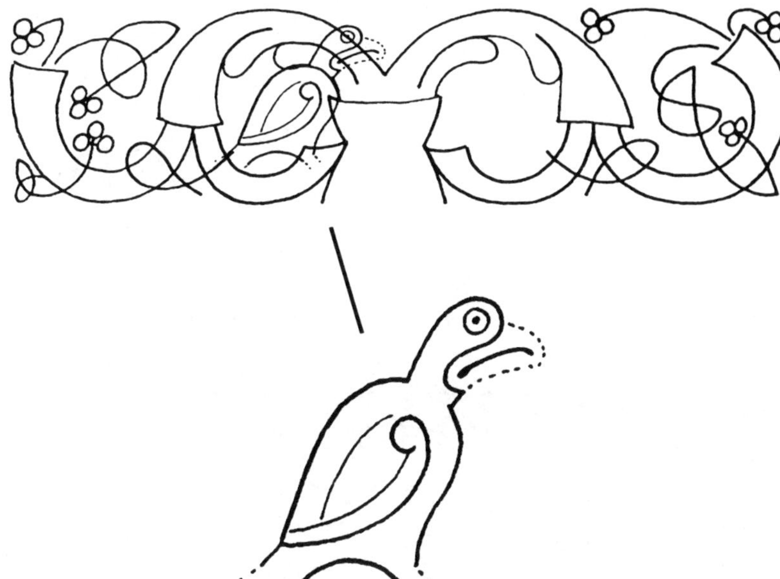

Grundriß des Vogels

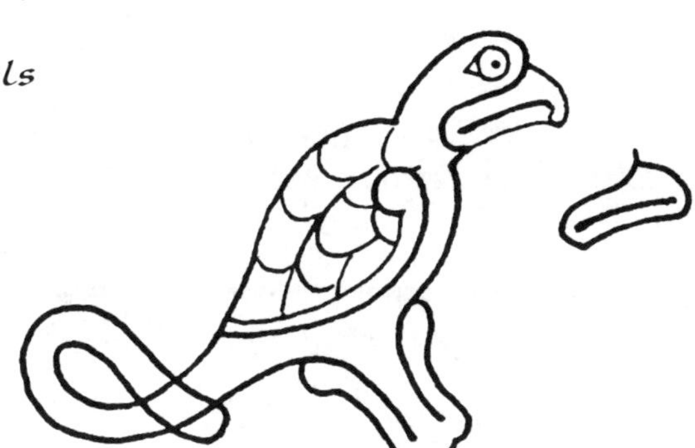

Abb. 28 Zwei Vögel auf einem Baum, Book of Kells, 129v, Variation

Variation I

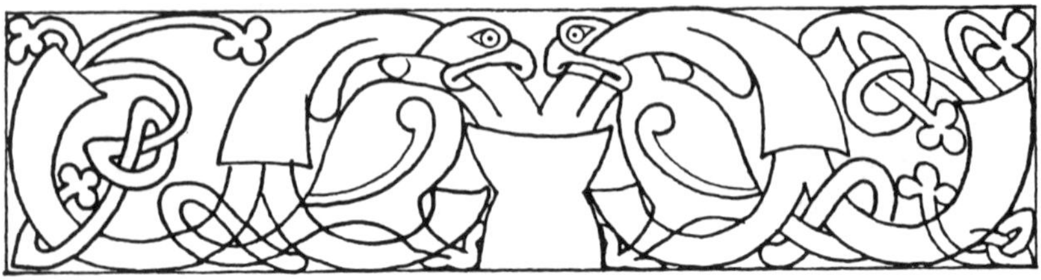

Baum und zwei Vögel. Beachten Sie die unterschiedlichen Knoten an beiden Enden sowie den Triquetra-Knoten in der unteren rechten Ecke.

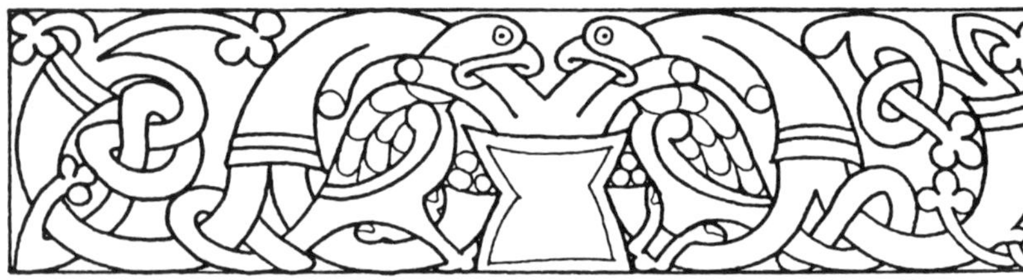

Der Stamm des Baums ist im ersten Teil gespalten oder gelappt und bewegt sich über und unter dem Schnabel entlang. Der Knoten oben rechts hat in der scharfen Wendung eine Ausbuchtung

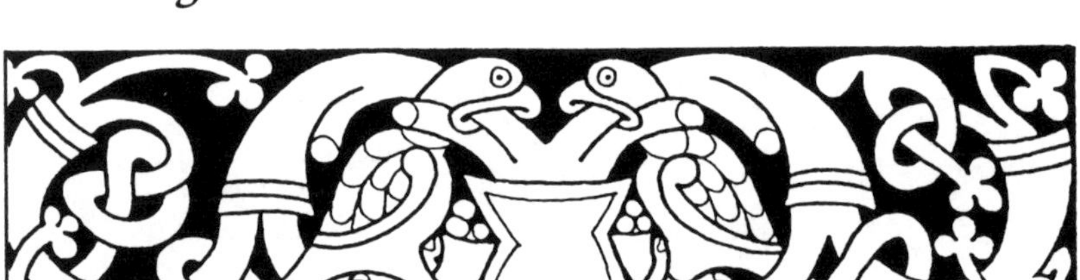

Es ist wichtig zu verstehen, daß wir es bei der Arbeit mit universellen Symbolen wie dem Baum des Lebens mit einer Sprache aus archetypischen Elementen wie jenen des Traums zu tun haben. Sie können zu allen Zeiten spontan auftreten und übertragen sich selbst von einer Kultur zur nächsten. Aus diesem Grund können zwischen mittelalterlichen und alten neolithischen Quellen auch im Gegensatz zur kunstgeschichtlichen Datierung Verbindungen gezogen und Analogien gefunden werden, wenn es um den Inhalt der Kunst geht. Wie Françoise Henry aufzeigte, mag es verführerisch sein, als Erklärung für die "Osiris-Pose" in der keltischen Kunst eine Verbindung zwischen koptischem und keltischem Christentum anzunehmen, doch bis heute sind noch keine koptischen vermittelnden Glieder gefunden worden, die eine derartige Annahme vom Gesichtspunkt des Historikers aus belegen könnten, und so bleibt dies eine Spekulation.

Doch wenn man diese Bilder eher als verständliche Symbole denn lediglich als anthropologische Daten behandelt, sieht der Künstler, wie Coomaraswany

Abb. 29 Zwei Vögel auf einem Baum, Book of Kells, Folio 129v

Variation 2

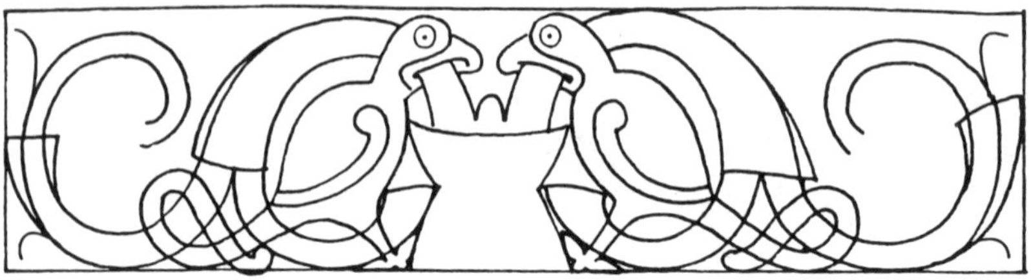

Hier ist der Stamm gelappt, und daraus sprießt vor der ersten Trompetenmündung ein ausfüllendes Kleeblatt. Der Schnabel kreuzt den gesamten Baumstamm.

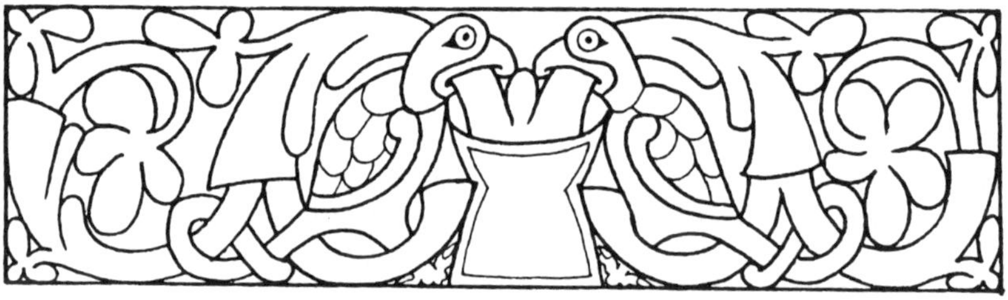

Die zu drei Vierteln gedrehte Spirale endet in einer großen, nur ungefähr umrissenen Palmette aus vier oder fünf Kleeblättern.

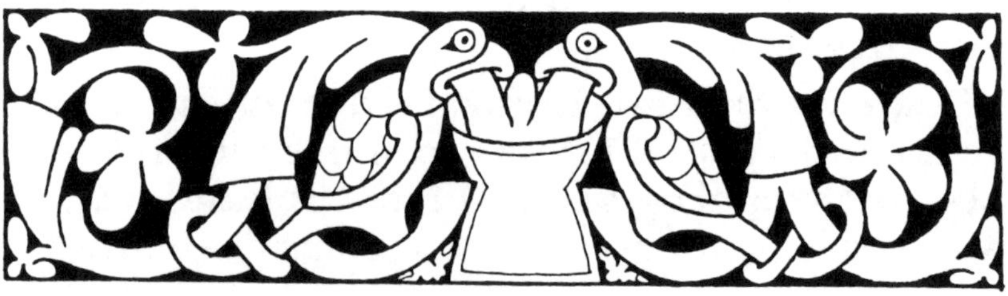

Abb. 30 Zwei Vögel auf einem Baum, Book of Kells, Folio 129v

Variation 3

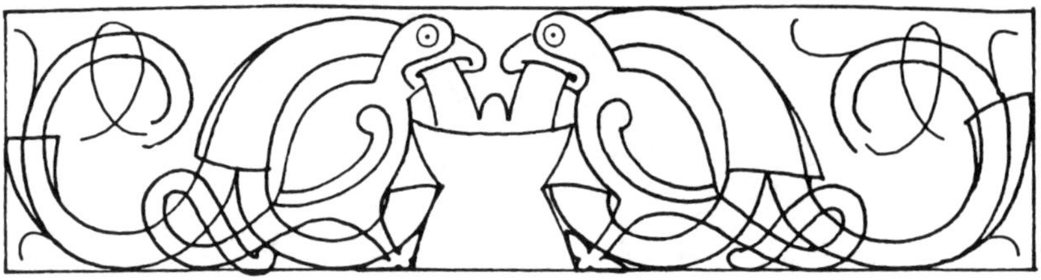

Der zu drei Vierteln gedrehte Spiralzweig lappt sich in Form des Grundknotens um sich selbst und endet links in einem dreiblättrigen sowie rechts in einem fünfblättrigen Kleeblatt.

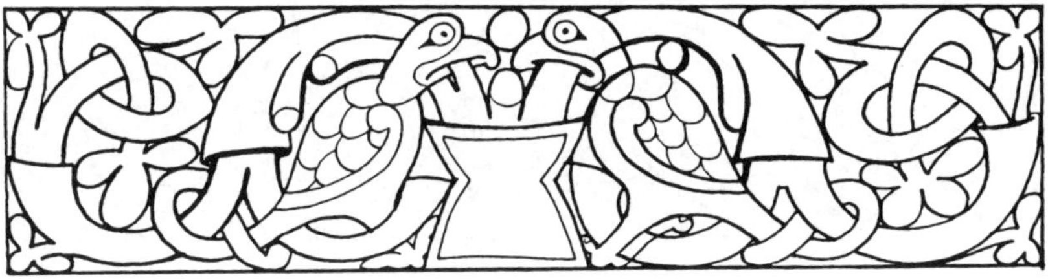

Der gelappte Stamm teilt sich an der Basis und webt sich durch den Schnabel. Die Kleeblätter sind von Ovalen bedeckt.

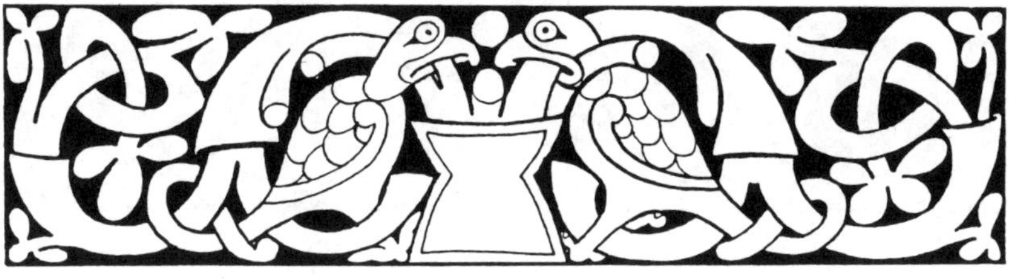

Abb. 31 Zwei Vögel auf einem Baum, Book of Kells, Folio 129v

Variation 4

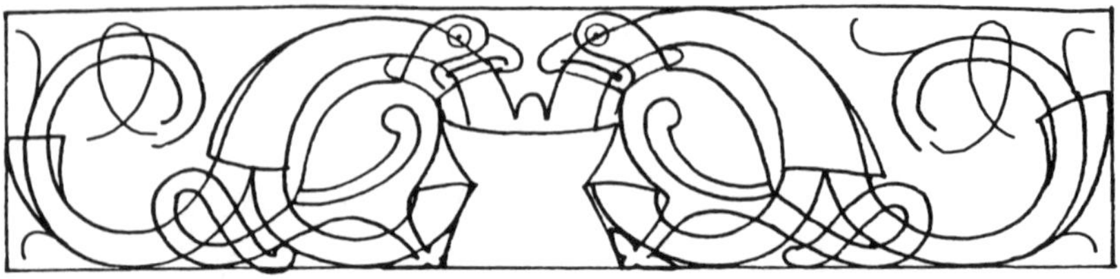

Hier haben die Knoten an beiden Enden in der scharfen Wendung Kleeblätter, und die unteren Ecken sind mit Triquetra-Knoten gefüllt.

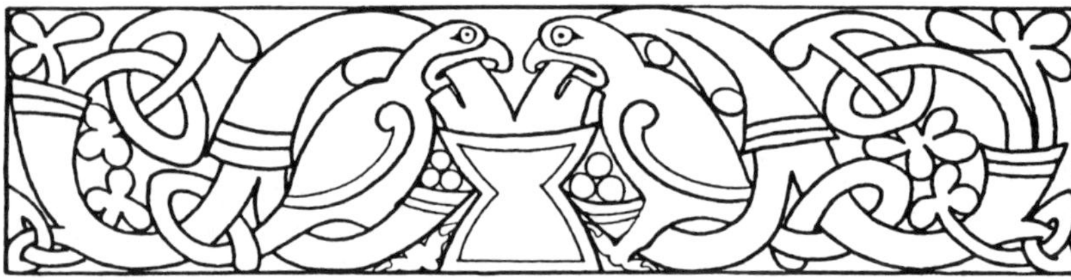

Der Spiralast rund um den Vogel endet in drei Punkten. Die Füße des Vogels sind klein, Zehe und Daumen sind nicht verwoben.

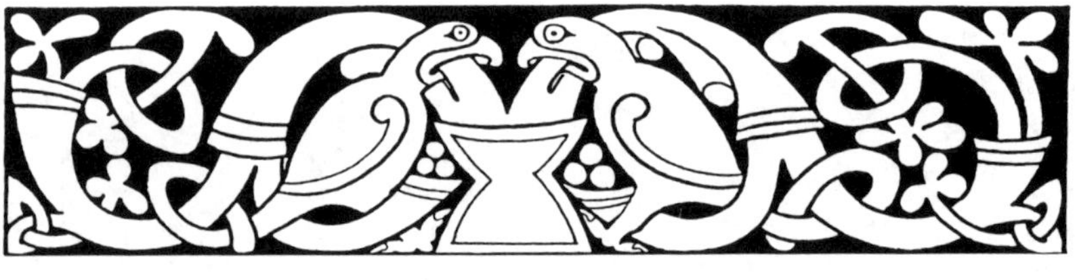

sagt, "in diesen verständlichen Formen keine willkürliche Bedeutung, sondern liest einfach ihre Bedeutung, denn dies ist ihre Form oder ihr Leben und in ihnen gegenwärtig – unabhängig davon, ob die einzelnen Künstler einer bestimmten Periode oder auch wir diese kannten oder nicht."

Im zwanzigsten Jahrhundert fand ein Austausch zwischen unterschiedlichen Kulturen, Traditionen und Mythologien statt und führte zu einer umfassenden Fermentierung. Es haben sich aus allen Richtungen besonders im Bereich mythischer Symbole Verbindungen ergeben, die wieder einmal zu bestätigen scheinen, daß wir bei allen Unterschieden mehr gemeinsam haben als wir glauben. Es gibt da einen goldenen Faden, der durch die Zeitalter läuft und Symbole mit ihren immer wiederkehrenden Bezügen verbindet. "Es ist erstaunlich, aber mittlerweile unleugbar", wie Joseph Campbell es ausdrückt, "daß das symbolische Vokabular auf der ganzen Welt in so hohem Maße konstant ist, daß davon ausgegangen werden muß, es stelle ein einziges bebildertes Manuskript dar, durch welches die Erfahrung der Er-

Abb. 32 Zwei Vögel auf einem Baum, Book of Kells, Folio 3r

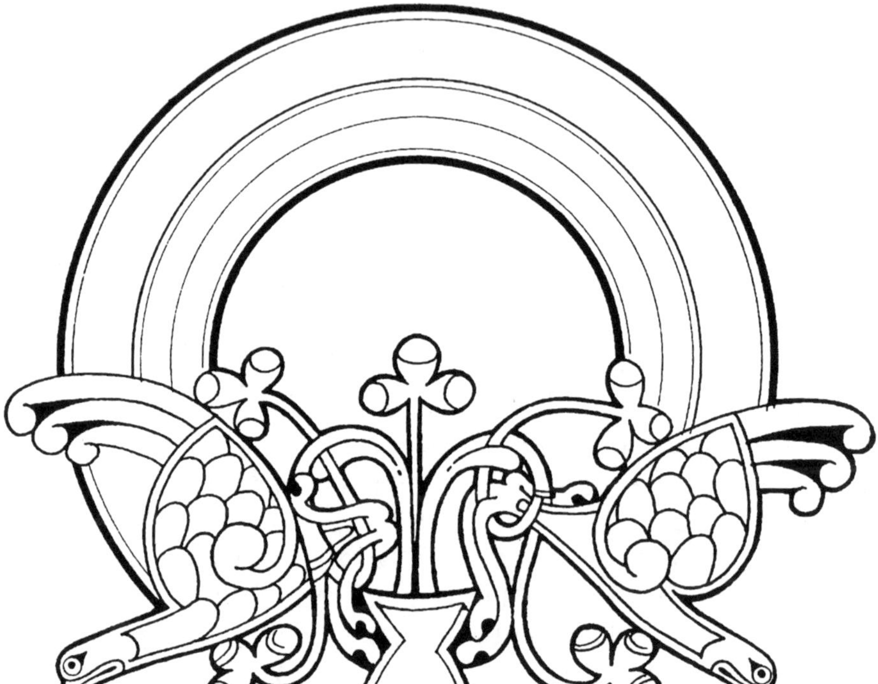

kenntnis eines *tremendum* durch das ganze Leben dokumentiert wird ... Weiterhin ... können die Zeichen auf eine Weise angeordnet werden, die eine neue poetische Aussage betreffend der großen, letztendlichen Themen ermöglicht; und von einem solchen bildlichen Gedicht gehen Erkenntniswellen durch den gesamten Bereich des mythischen Welterbes. So kann man einen polymorphen, alle Kulturen umspannenden Diskurs erkennen, der vielleicht seit den Anfängen der menschlichen Kultur im Gange ist und der das Erkennen des sowohl den Symbolen selbst als auch den Mysterien des Lebens und Denkens innewohnenden Zuflusses eröffnet, mit dem er den Geist in Übereinstimmung bringt."

Dieser goldene Faden der symbolischen Sprache macht die ursprüngliche Wahrheit verständlich und das Unhörbare hörbar. Wie Coomaraswany sagt, ist genau das die Aufgabe der Kunst – oder es ist keine Kunst.

Abb. 33 Die Konstruktion eines Spiralzweigs

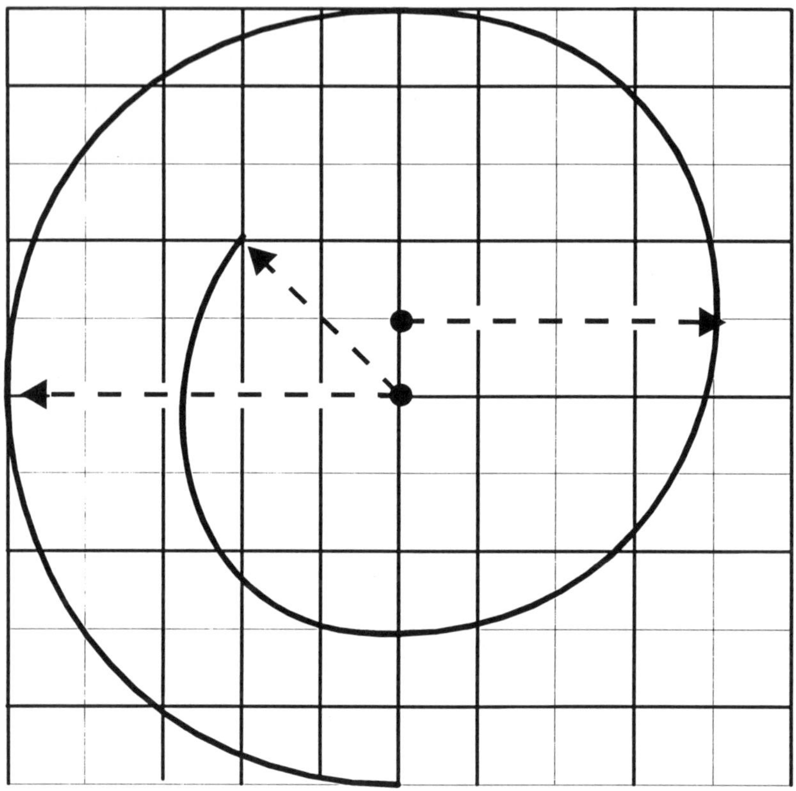

Abb. 34 Konstruktion eines Baums, Kreuz von Muiredach, Monasterboice

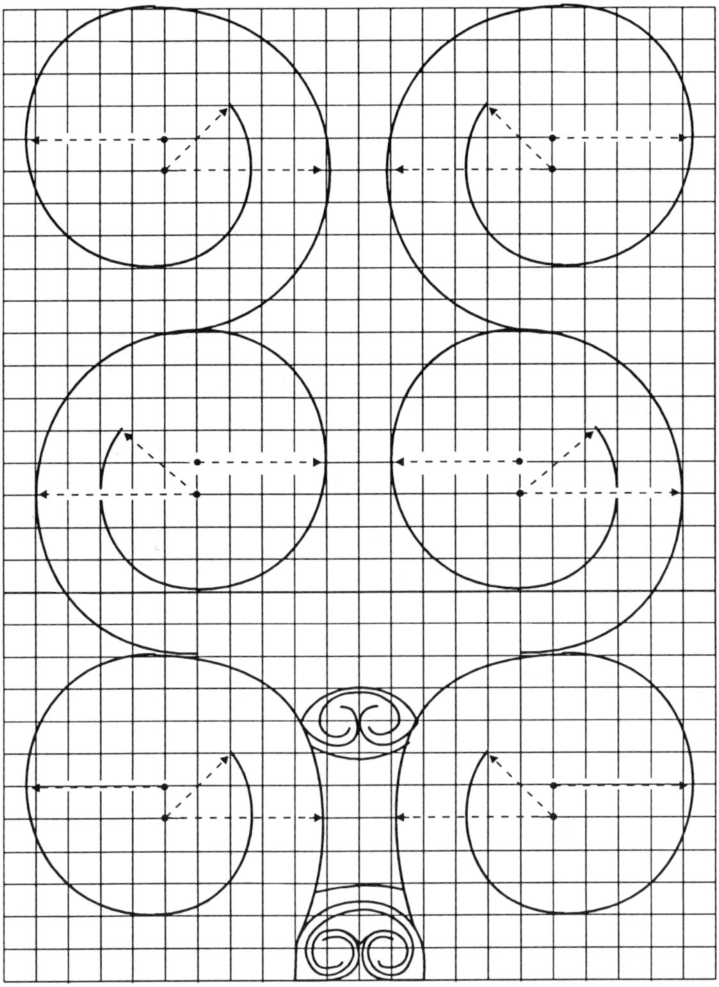

Abb. 35 Umriß-Version, Kreuz von Muiredach, Monasterboice

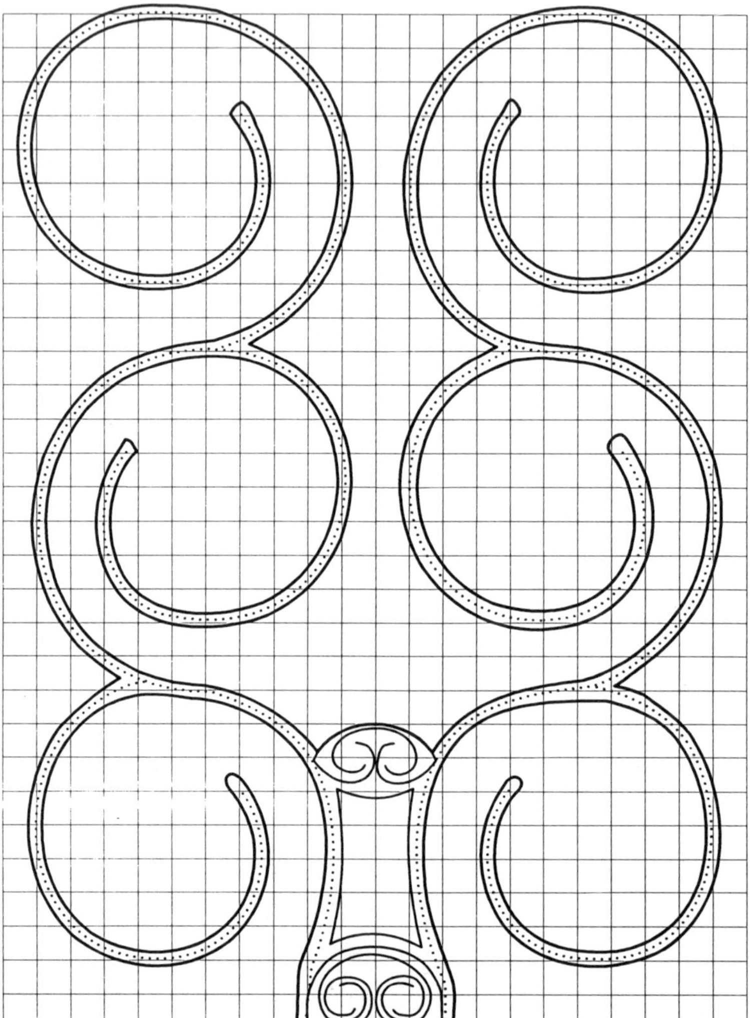

Abb. 36 Zufügung von Löwen und Beeren, Kreuz von Muiredach, Monasterboice

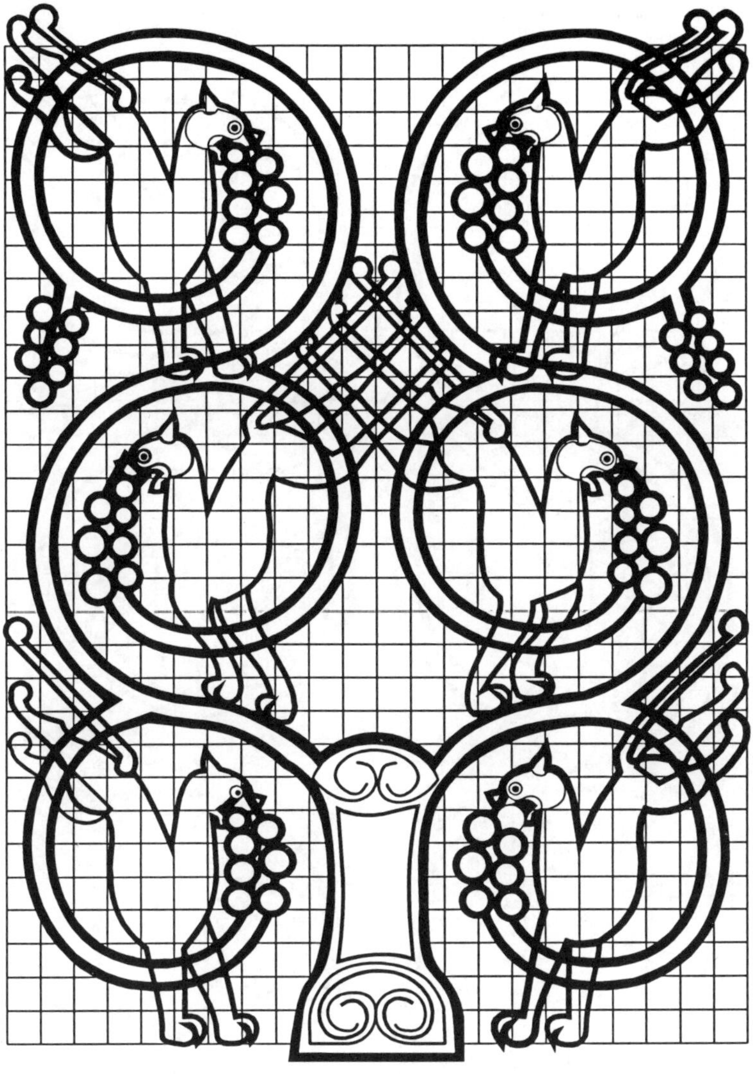

Abb. 37 Löwen und Beeren miteinander verwoben, Kreuz von Muiredach, Monasterboice

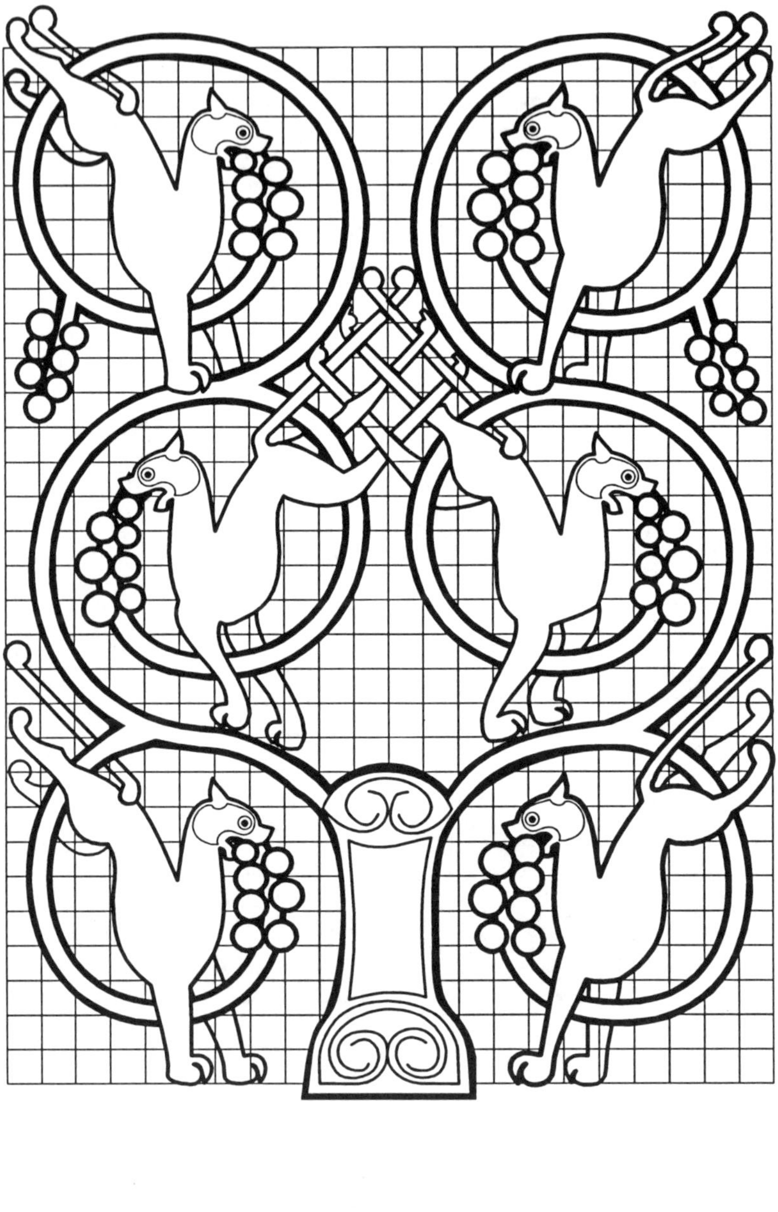

Abb. 38 Hinzufügung von Vögeln, Blättern und Seilwerk, Kreuz von Muiredach, Monasterboice

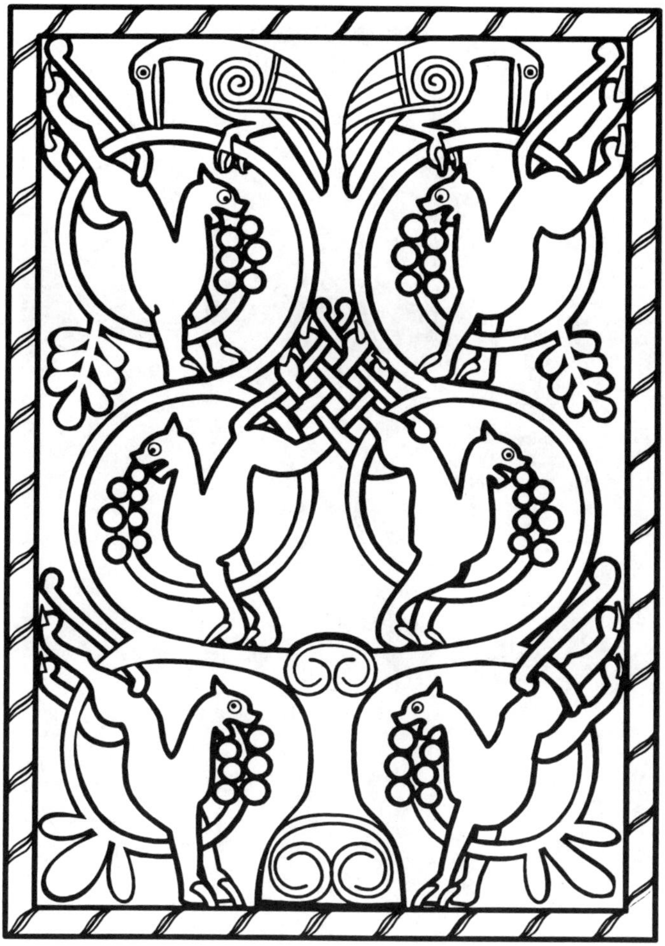

Abb. 39 Vervollständigung mit ausgefülltem Hintergrund, Kreuz von Muiredach, Monasterboice

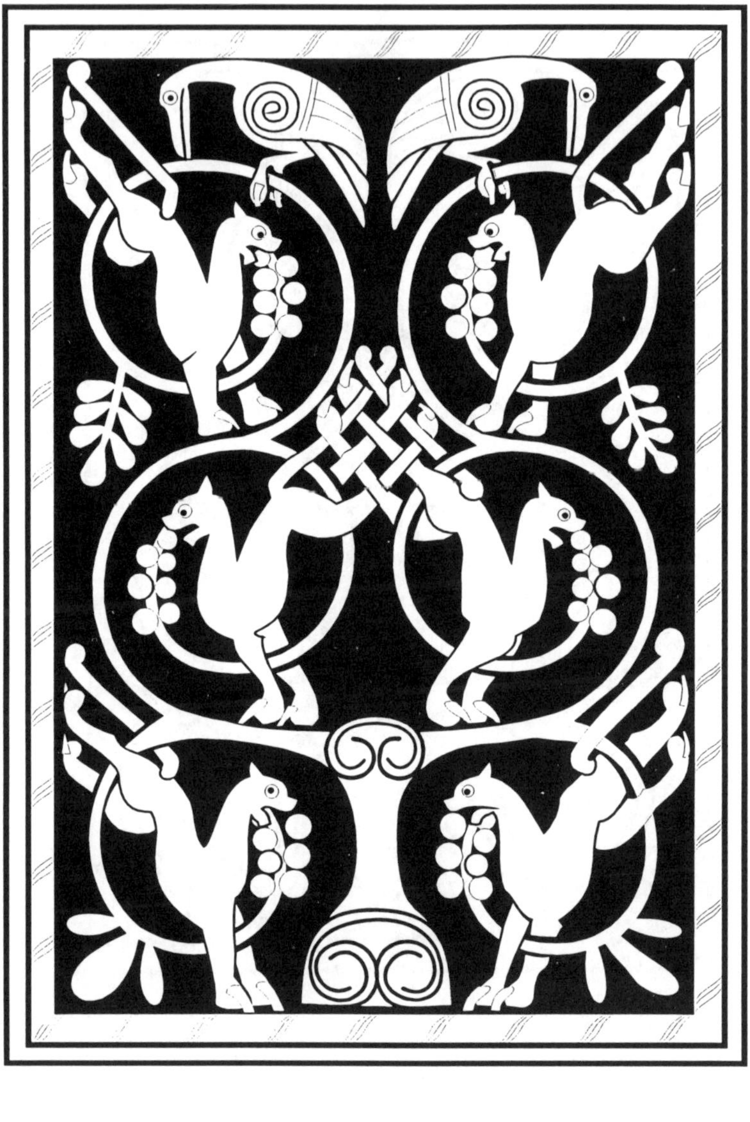

Der von Vögeln erfüllte Baum

Auf den heiligen Zweigen des Himmelsbaums
Hoch in den Feldern des Himmels,
Jenseits des irdischen Begehrens
Hat der Vogel meiner Seele ein warmes Nest gebaut.
– Hafiz

Auch wenn der Baum des Lebens auf dem Kreuz von Muiredach tatsächlich von zwei Vögeln gekrönt wird, Abb. 39, so wird der Baum selbst jedoch von Löwen bewohnt. Wir werden den bewohnten Baum in einem späteren Kapitel erforschen, doch nun werden wir uns ansehen, wie das Motiv der zwei Vögel auf einem Baum erweitert werden kann, und zwar zunächst zu einer waagrechten Borte.

Abb. 40 Der umgekehrte Baum, Book of Kells, Folio 2r

Vier Blätter verursachen einen Webfehler, darüber-darüber anstatt darüber-darunter. Drei sind besser.

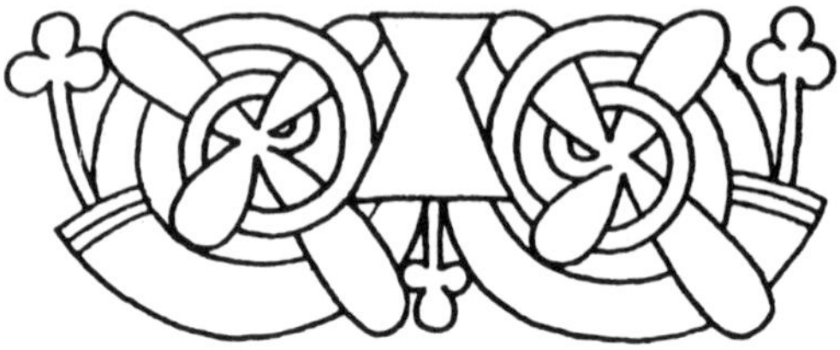

Der Topf des Baums hängt von der Mitte eines Bogens herab. Der umgekehrte Baum ist ein weitverbreitetes Motiv: Die Upanishaden nennen es Asvattha, "dessen Wurzeln hoch hinaufragen und dessen Äste in die Tiefe wachsen; er ist das Reine, der Brahman, was man Nicht-Tod nennt." Hier ist die Wurzel im Topf versteckt, so wie sich der Ursprung des Lebens im Schoß oder Gefäß des Geistes verbirgt, was exakt der Bedeutung des mittelalterlichen Begriffs für ein Gefäß entspricht, *Vas Spiritualis*. Wenn der Baum wie in keltischen Evangelien mit Christus gleichgesetzt wird, bezieht sich der Kelch auf die Jungfrau als Gefäß der Menschwerdung.

Abb. 41 Der aufrechte Baum

Hier ist eine Lösung für das Problem. Es werden nur drei Blätter verwoben, das vierte nicht.

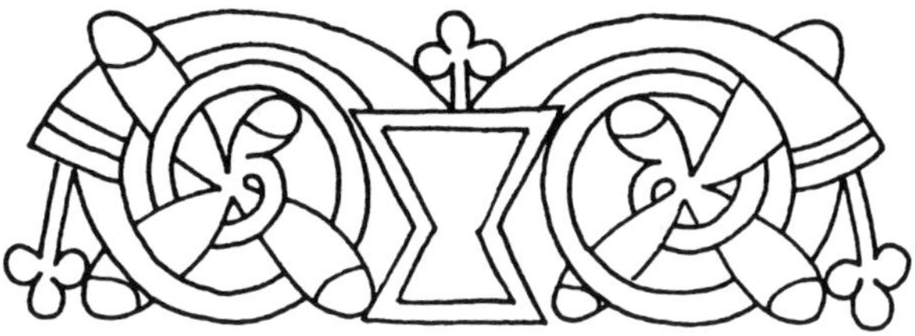

Die Form des Topfes basiert auf zwei Dreiecken, die aufwärts bzw. abwärts zeigen und sich in Vasenmitte kreuzen. Wenn man den Kelch umdreht, tauschen auf- und abwärts natürlich die Plätze, was das Zusammenspiel der Gegensätze veranschaulicht. Wenn Sie Folio 2r des Book of Kells gegen das Licht halten würden, könnten sie sehen, daß die Basis des Topfs genau mit dem Herz der Abbildung auf der Rückseite desselben Blatts, 2v, zusammenfällt. Die Grundlinien der Rückseite sind von der Vorderseite aus nachgezogen worden, wodurch sich eine absichtliche und auch bedeutungsvolle Plazierung ergibt.

Abb. 42 Zwei Vögel, linke Seite

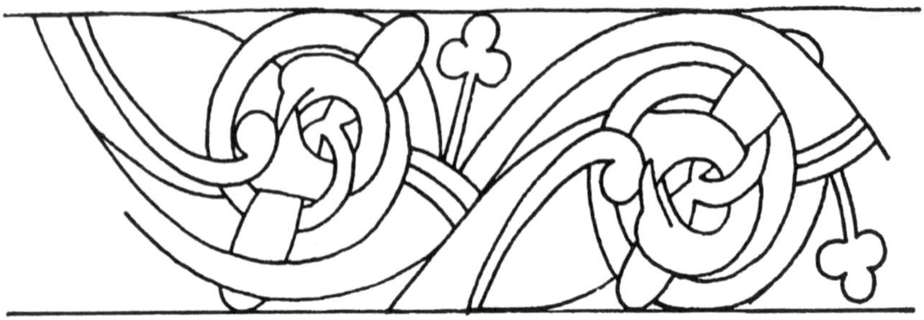

Der Baum ist zwar zentriert, doch gibt es zur Rechten des Betrachters dreizehn und zu seiner Linken vierzehn Spiralen; ungleich und gleich, ein weiteres Spiel mit Gegensätzen wie bei Sonne und Mond auf der elamitischen Vase oder auch bei Adam und Eva im Garten Eden. Doch hier finden wir eine ungerade Zahl an Vögeln in einer geraden Zahl von Spiralen und umgekehrt, was im Einklang mit dem Umkehrungsthema des Baumes und der Neigung zur Umpolung der Gegensätze steht.

Die erste Spirale auf jeder Seite des zentralen und mysteriösen Gefäßes ist leer, womit auf der linken Seite zwölf und auf der rechten dreizehn Vögel zu

Abb. 43 Zwei Vögel, rechte Seite

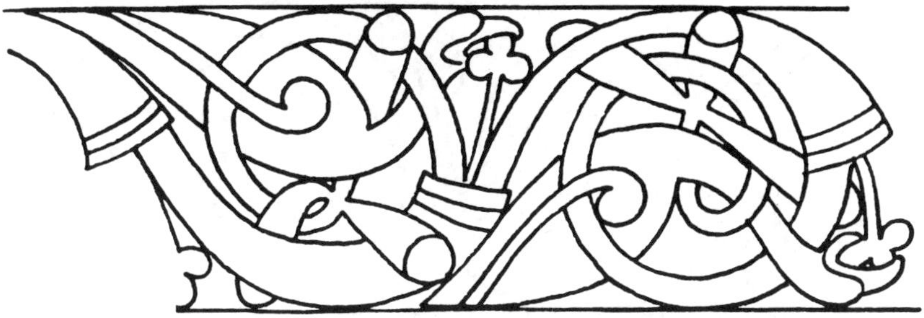

finden sind; also eine gerade Anzahl links und eine ungerade Anzahl rechts.

Gerade Zahlen wurden als weiblich, ungerade als männlich betrachtet. Die ungerade numerierten Vögel auf der rechten Seite wenden ihre Köpfe alle nach außen, während die gerade numerierten auf der linken Seite ihre Köpfe unter die Fittiche stecken. Der Baum ist auf diese Weise in zwei Seiten aufgeteilt, die zueinander im Gegensatz stehen.

Abb. 44 Zwei Vögel, linke Seite

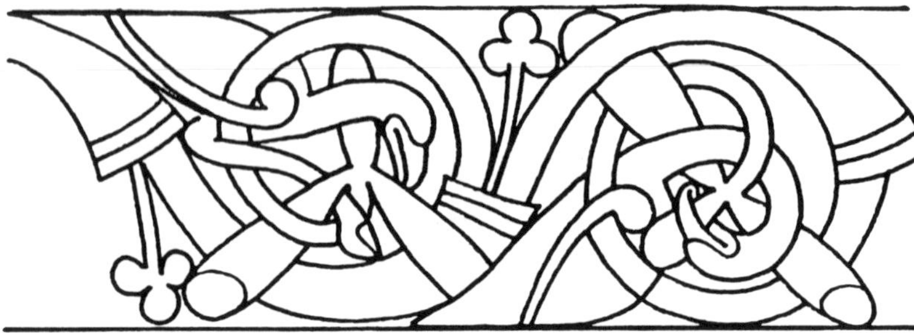

Der geteilte Baum ist ein eigenes Motiv und als solches in der keltischen Kunst und Legende weit verbreitet. Ich denke, daß sich diese Aufteilung symbolisch auf die dualistische Erscheinungsform des Lebens bezieht, das durch die Vereinigung des sich selbst verbreitenden Lebens in Gegensatzpaare aufgeteilt zu sein scheint. Auf einer anderen Ebene bezieht sich dies auf den Umstand, daß jeder von uns über zwei verschiedene Arten der Identität verfügt, konditioniert und nichtkonditioniert, sterblich und unsterblich. Die konditionierte Art entspricht der Persönlichkeit, dem Selbstbild oder Ego, welches jene tiefere Ebene zudeckt, die keinen Namen oder

Abb. 45 Zwei Vögel, linke Seite

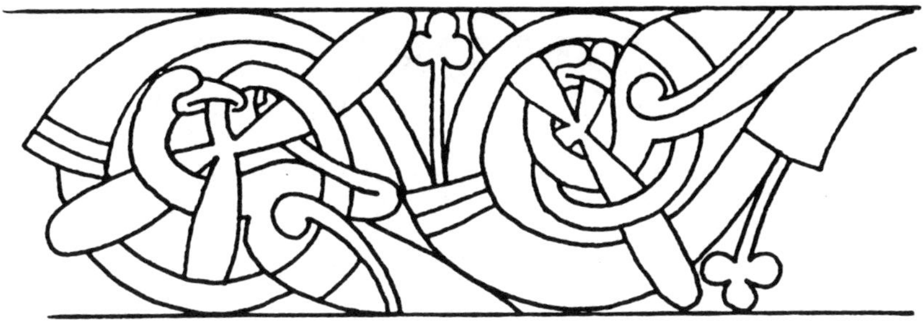

Definition hat, das "wahre" Selbst. Diese konditionierte Hälfte zeigt sich im Vogel, der die Früchte des Baums ißt. Er verschwindet mit dem Tod wie eine Spiegelung beim Zerbrechen des Spiegels. Man spricht hier von der *persona* und meint damit die Maske des Schauspielers, denn sie ist für die Rolle geschaffen, die wir auf der Bühne des Lebens zu spielen gewählt oder die wir zugewiesen bekommen haben; sie folgt einem bestimmten Manuskript und reagiert entsprechend der Zeilen, die sie gelernt hat. Sie versteckt den wahren Spieler, dessen echte Stimme nicht gehört wird und dessen echte Züge hinter der Maske nicht gesehen werden.

Abb. 46 Linkes Ende, Book of Kells, Folio 2r

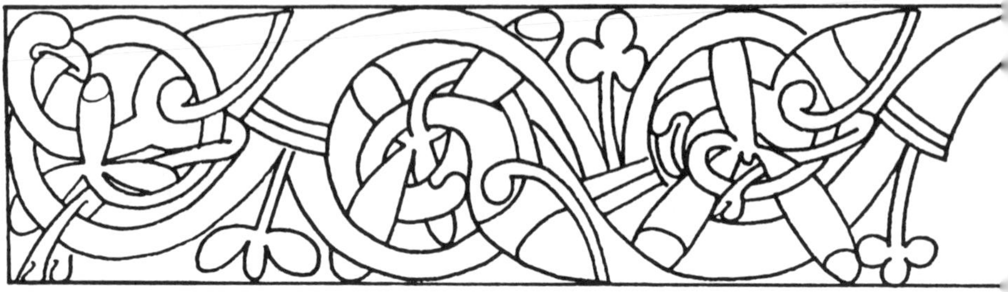

Auf der anderen Seite scheinen die Vögel rechts jedoch nahezulegen, daß es hinter der Maske, in unserem Inneren, ein tieferes Selbst gibt – der schweigende Zeuge in uns allen. Diese Vögel scheinen in sich hineinzuschauen, um dieses Selbst zu finden.

Einige Seiten später, auf Folio 4r, kommt das Symbol des geteilten Baums wieder vor, zu sehen auf Abb. 48. Hier füllen die Vögel zwei Säulen, welche das seltsam aussehende Geschöpf stützen, das aus dem Körper des Löwen des Heiligen Markus besteht, der mit dem Kopf des Kalbs des Heiligen Lukas verbunden ist.

Abb. 47 Rechtes Ende, Book of Kells, Folio 2r

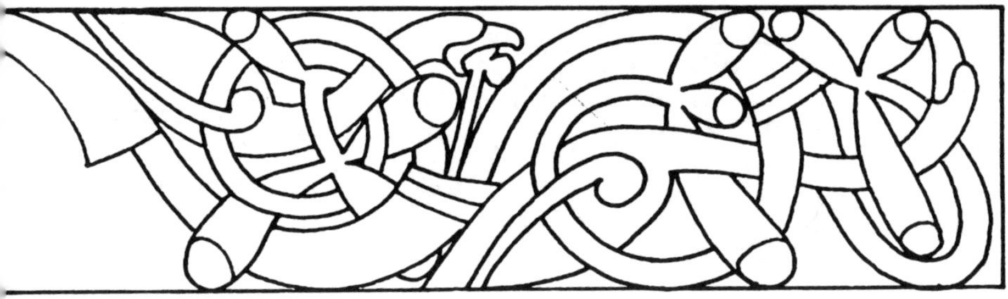

Wie schon zuvor unterscheiden sich die beiden Seiten auch hier deutlich. Die linke weist acht Spiralen auf, die rechte sieben, was dem Muster auf Folio 2r entspricht, das links aus zwölf und rechts aus dreizehn Spiralen besteht. Dort handelte es sich um den Gegensatz zwischen dem Inneren und dem Äußeren. Auf Folio 4r jedoch finden wir auf der rechten Seite vier Vögel und auf der linke keine; ein Gegensatz zwischen dem Manifesten und Nicht-Manifesten, zwischen jener Ebene zufälliger Umstände, welche die Seele formt und der ursächlichen Ebene des reinen Seins, des Geistes.

Abb. 48 Vogel im Baum, Book of Kells, Folio 4r

a

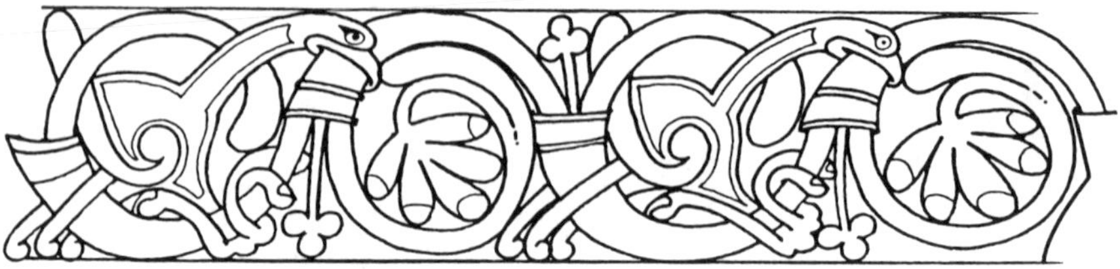

b

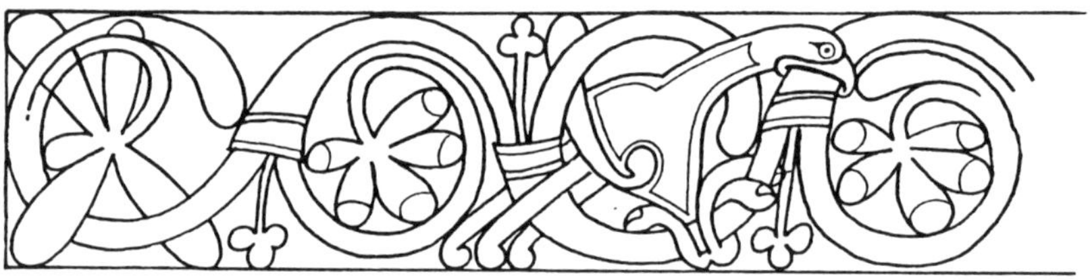

obere Hälfte: acht Spiralen, drei Vögel ...

c

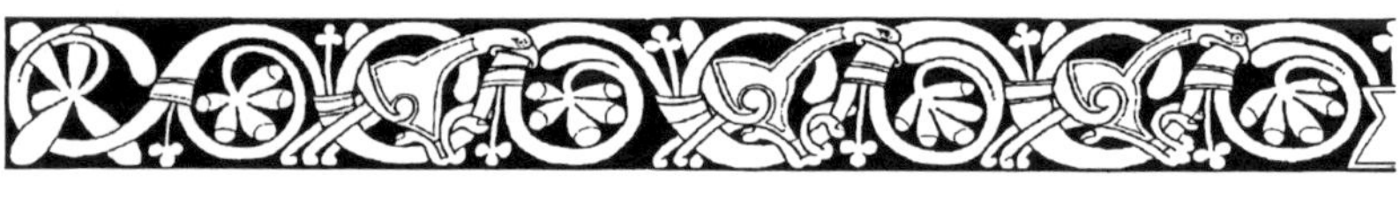

Diese beiden Muster, Abb. 48, 49, füllen eine senkrechte Säule, die hier um 90° gedreht dargestellt wird. Der Baum hat fünfteilige Blätter und einige gelappte Stämme.

Abb. 49 Der unbewohnte Baum, Book of Kells, Folio 4r

a

... untere Hälfte: sieben Spiralen, keine Vögel

b

Die obere Hälfte, Abb. 48c, ist von Vögeln bewohnt. Die untere Hälfte, Abb. 49b, zeigt denselben Baum ohne Vögel oder gelappte Stämme.

Abb. 50 Baum mit drei Vögeln, Book of Kells, Folio 4r

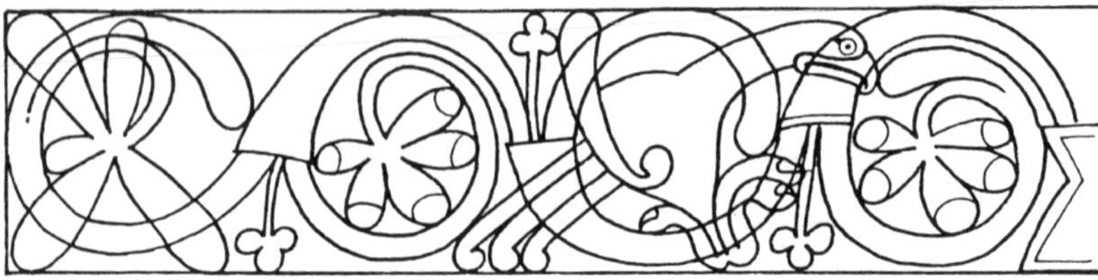

a

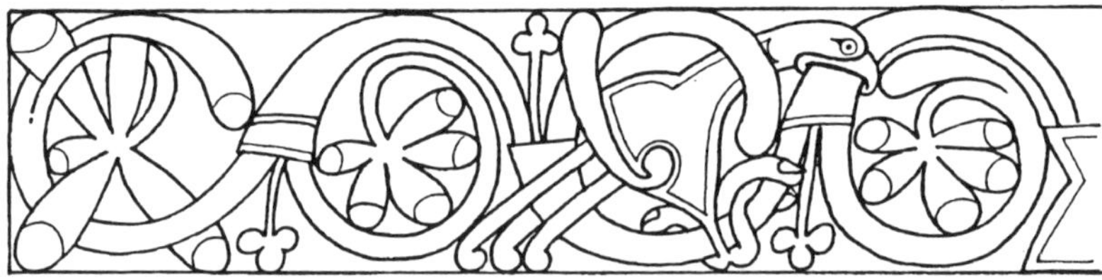

b

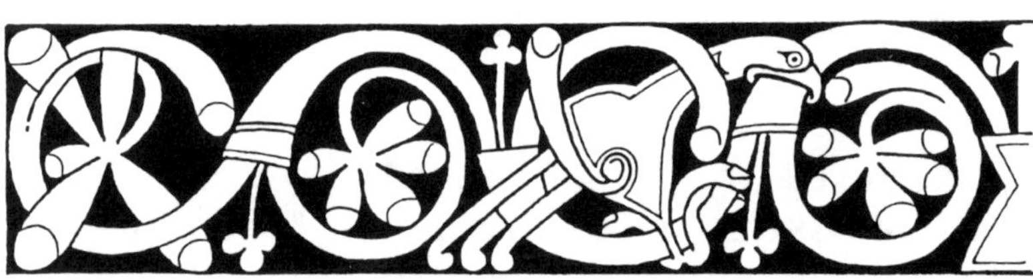

c

Variationen und Permutationen (Umstellungen)

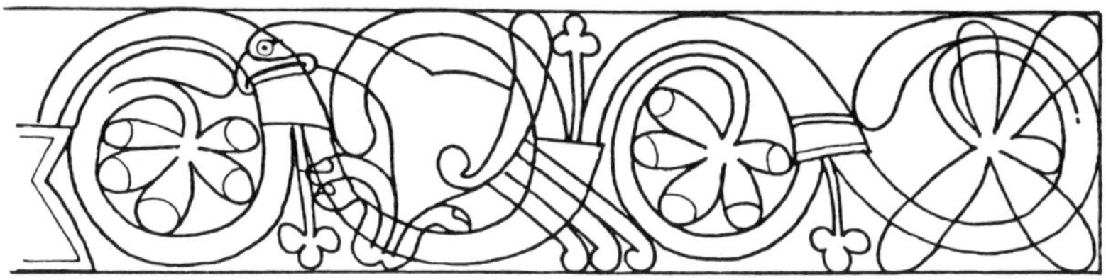

a

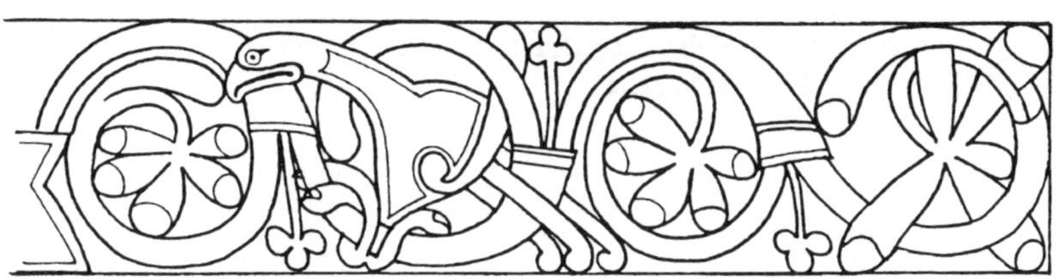

b

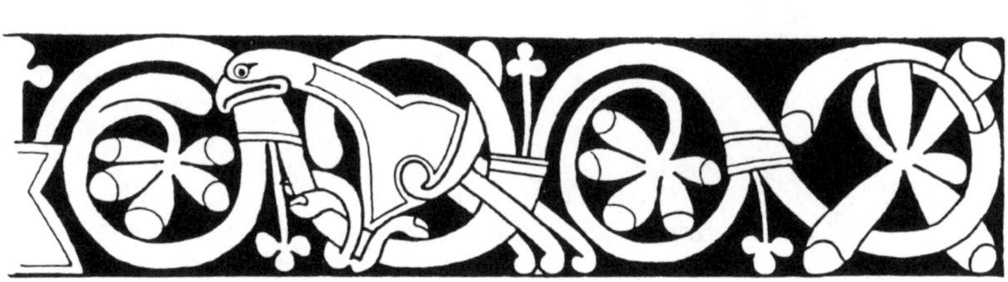

c

Abb. 51 Konstruktion des Vogels im Baum: 1

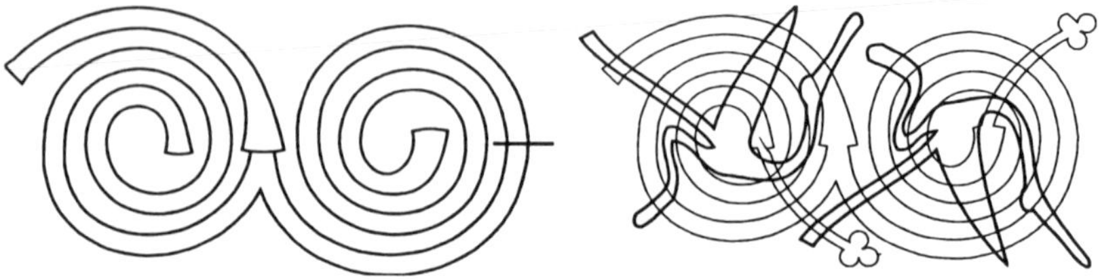

a b

a Erster Schritt: Ästen vollziehen vom Stamm ab 2 Spiralwendungen
b Zweiter Schritt: dreiblättrigen Klee und Vogelkontur hinzufügen

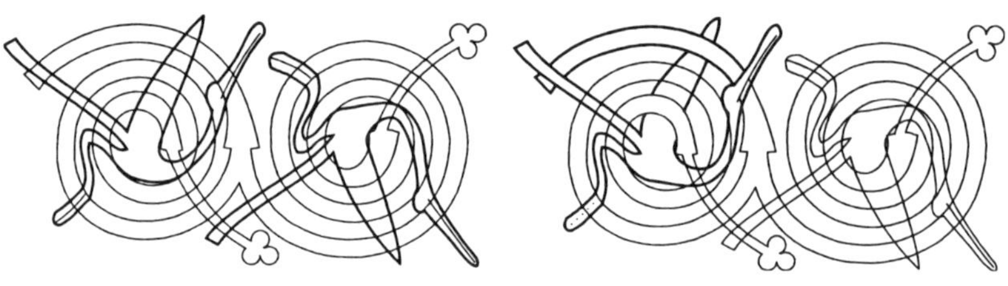

c d

Mit der linken Spirale beginnend,
c Dritter Schritt: Schnäbel und Zehen teilen
d Vierter Schritt: erster Spiralabschnitt, unter Schwanz, über Flügelspitze

Abb. 52 Konstruktion des Vogels im Baum: 2

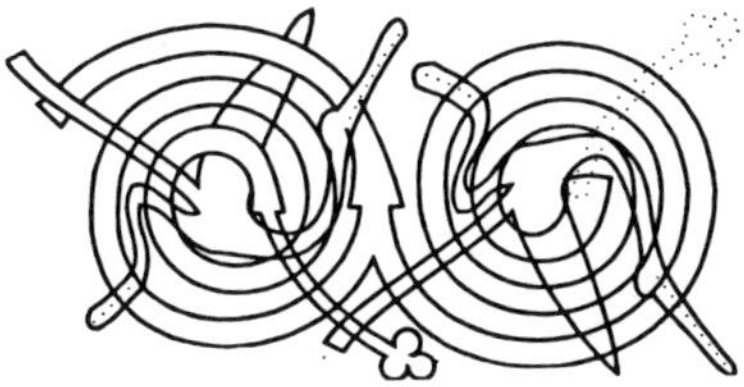

a

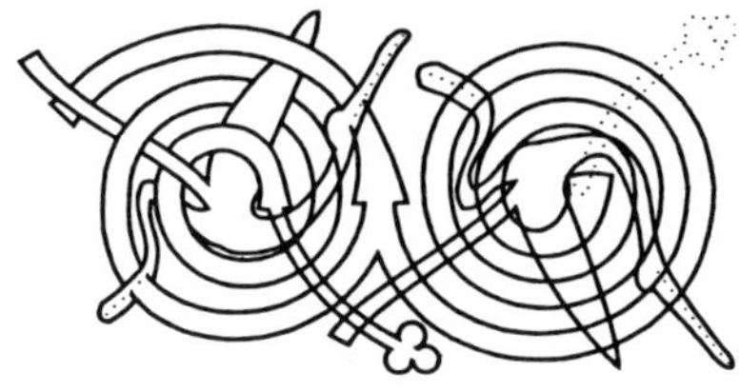

b

a *Fünfter Schritt: unter Kiefer des oberen Vogels, über Kiefer des unteren Vogels*
b *Sechster Schritt: Webevorgang an Schwanz und Zehen vollenden*

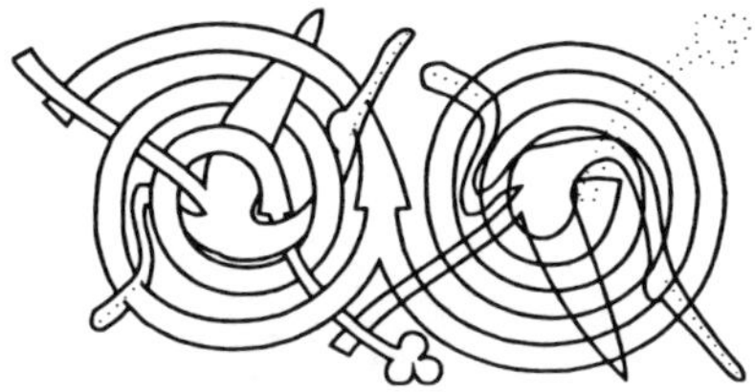

c

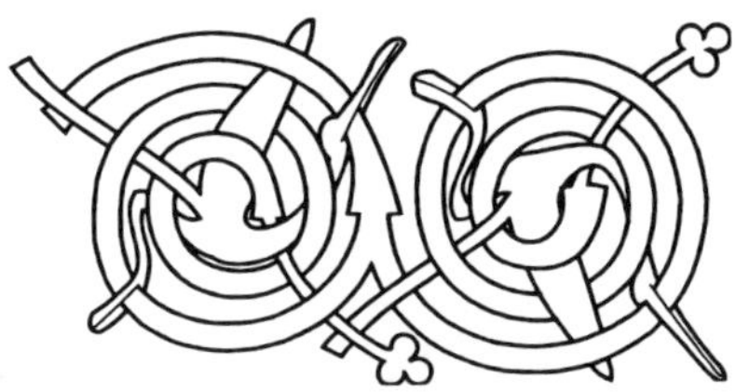

d

c *Siebter Schritt: Hals und dreiblättriges Kleeblatt einweben*
d *Achter Schritt: das Vorangegangene mit dem zweiten Vogel wiederholen*

Abb. 53 Gitterkonstruktion der Ecke: 1

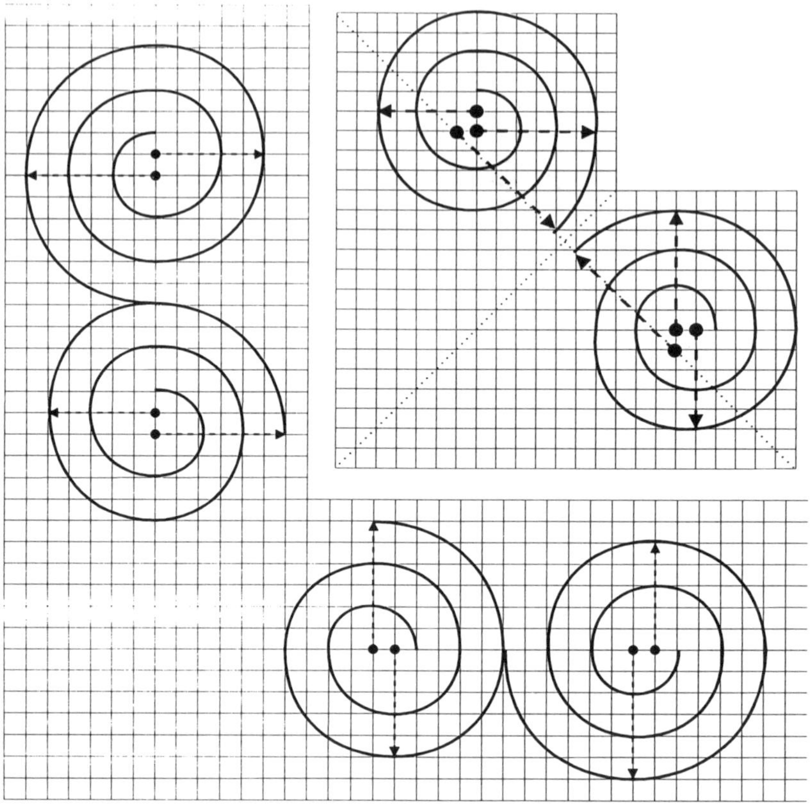

Nach dem Zeichnen der ersten Wiederholung dieser Borteneinheit besteht der nächste Schritt in der Konstruktion eines Eckstücks. In diesem Muster müssen die Spiralen so plaziert werden,

Abb. 54 Gitterkonstruktion der Ecke: 2

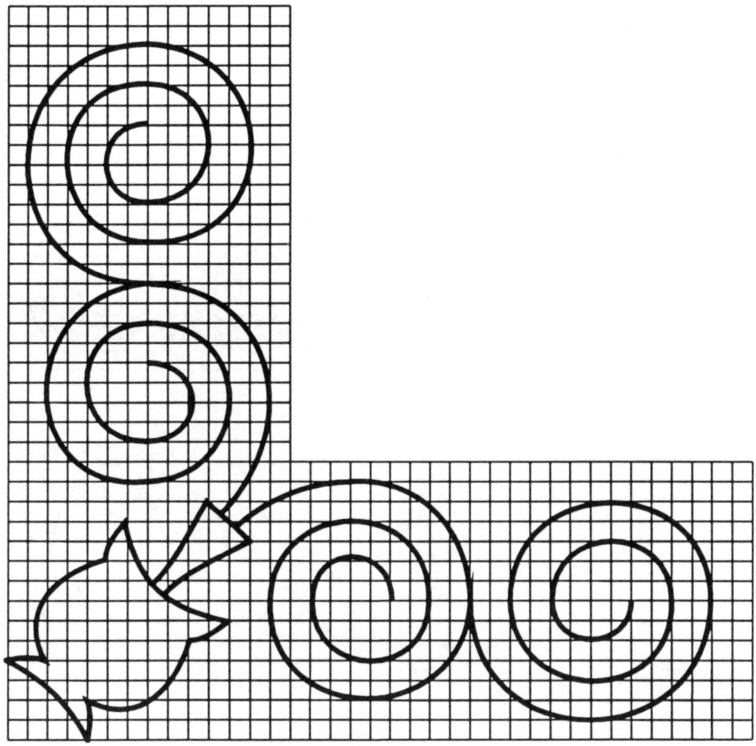

daß sie in der Ecke aufeinandertreffen, wo sie im Hauptstamm zusammenlaufen.

Abb. 55 Gitterkonstruktion der Ecke: 3

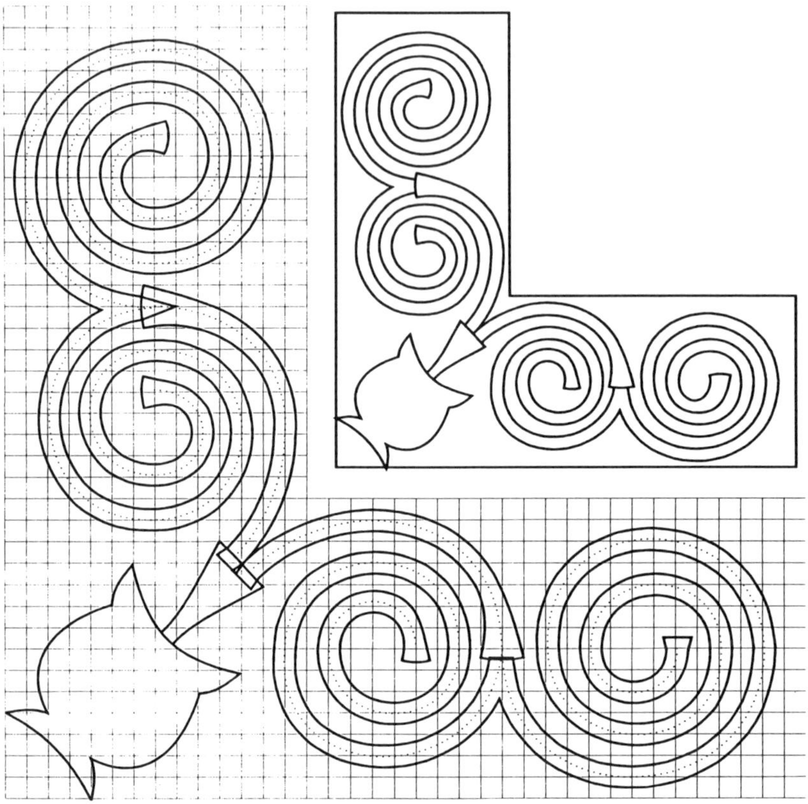

Zeichnen Sie nun den Umriß der Spirallinie in der gewünschten Breite der Äste. Das kann dikker oder dünner sein als hier gezeigt.

Abb. 56 Gitterkonstruktion der Ecke: 4

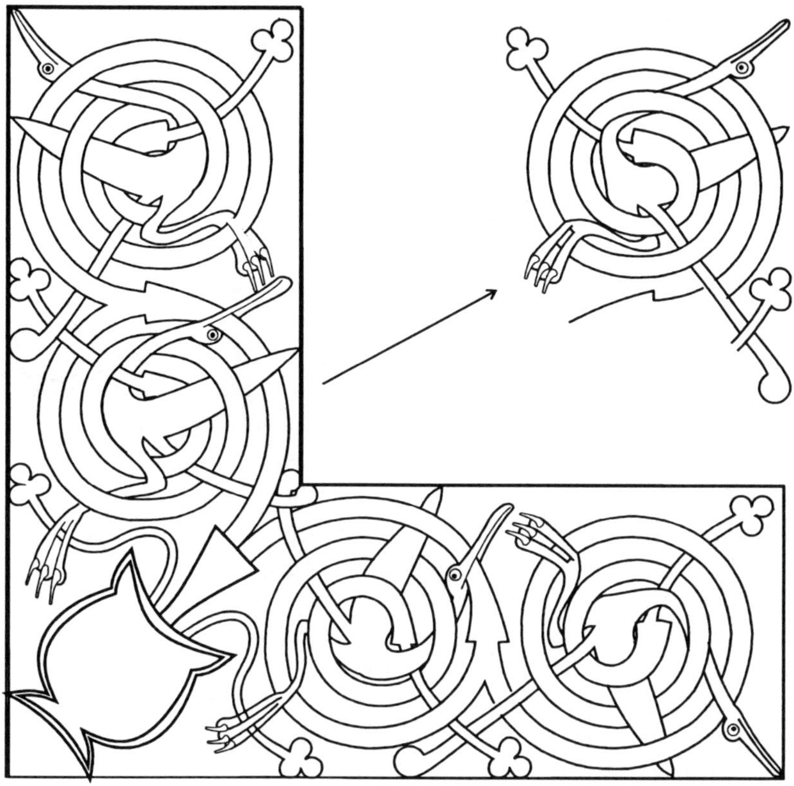

Fügen Sie die in den Abb. 51, 52 gezeigten Schritte zum Verweben von Baum und Vögeln hinzu. Im aufrechten Arm verläuft die Verwebung umgekehrt (vergleiche Auszug).

Abb. 57 Gitterkonstruktion der Ecke: 5

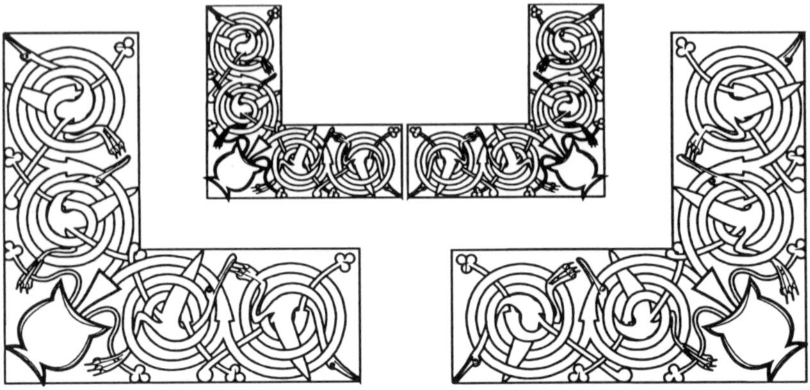

Nach dem Verweben der Arme des spitz zulaufenden Eckstücks auf umgekehrte Weise – wo ein Abschnitt im waagrechten Arm über den anderen verläuft, bewegt er sich am diesem entsprechenden Gegenort darunter – kann die Eckeinheit um 90° gedreht werden, so daß die beiden an der Unterkante der Borte zusammenkommenden Endeinheiten relativ zueinander umgekehrt gewebt werden können und nicht einfach nur gespiegelt wiedergegeben werden wie im obigen Auszug.

Auf diese Weise können die Vogelhälse und die Stiele der dreifachen Kleeblätter richtig miteinander verwoben werden, wenn die zwei Ecken entlang der Unterkante miteinander verbunden werden.

Mittels einer vierfachen Drehung kann eine Ecke zur Gestaltung eines einfachen quadratischen Rahmens verwendet werden, Abb. 58.

Abb. 58 Quadratischer Rahmen, nicht durchgezogen

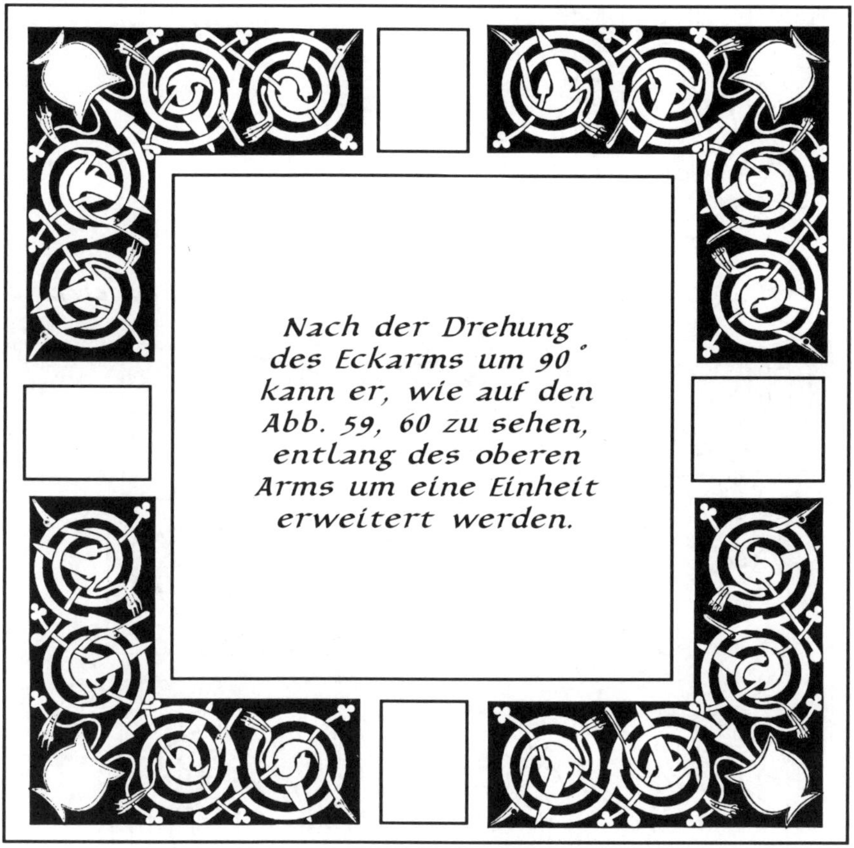

Abb. 59 Grundriß der unteren linken Ecke

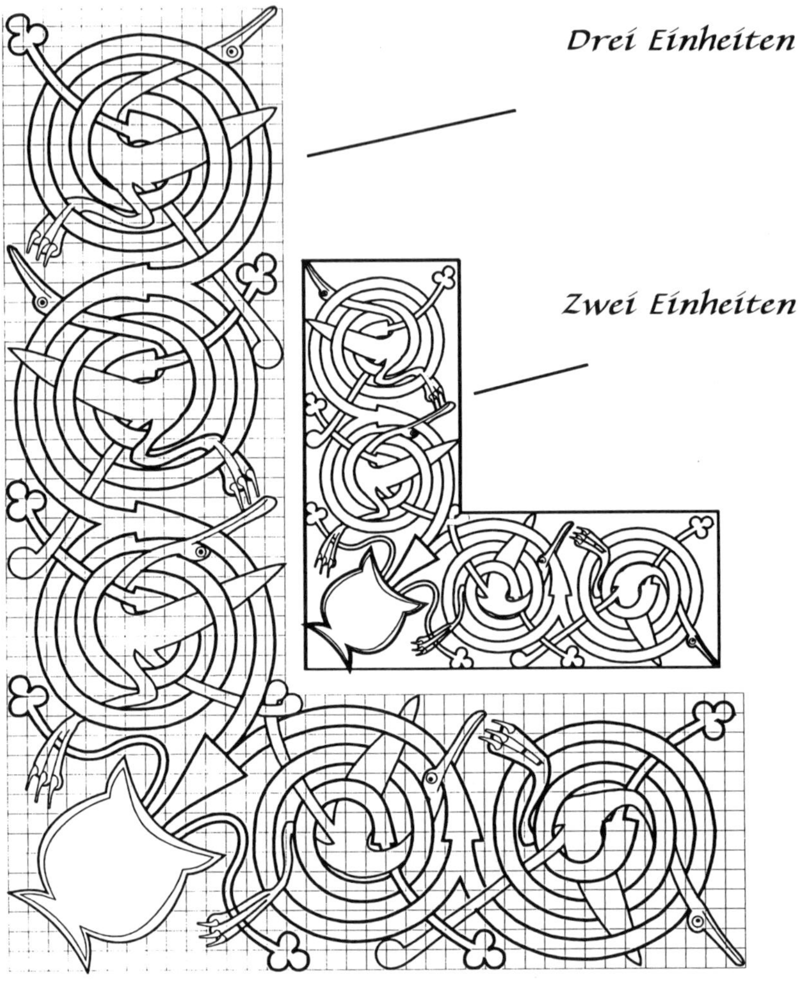

Abb. 60 Grundriß der unteren rechten Ecke

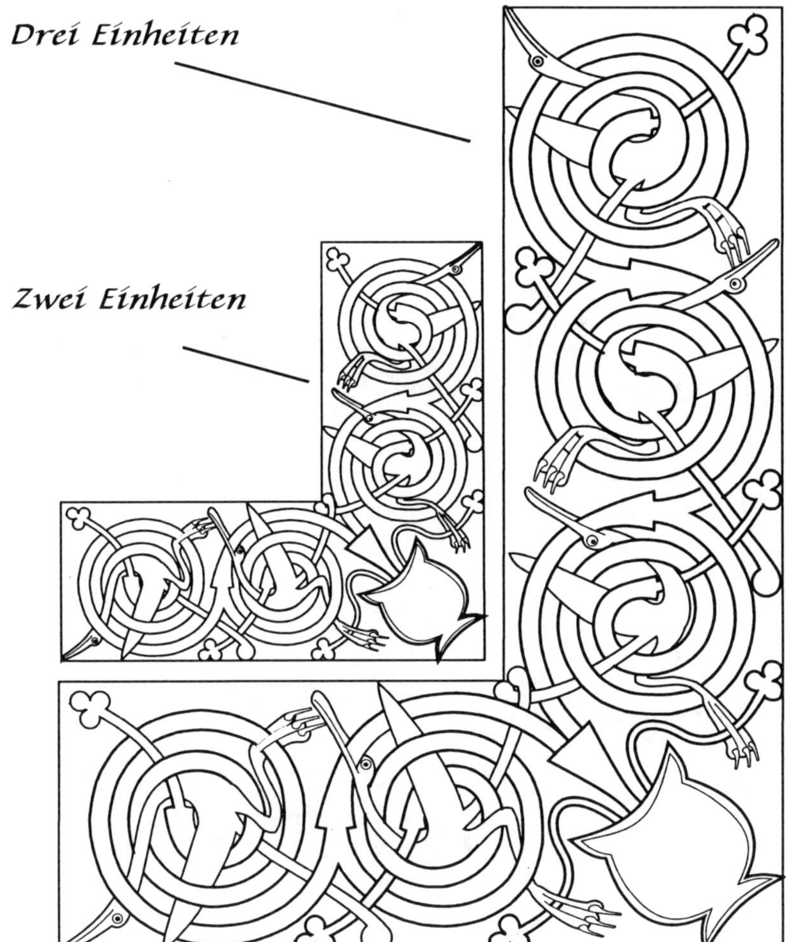

Abb. 61 Linke untere Ecke

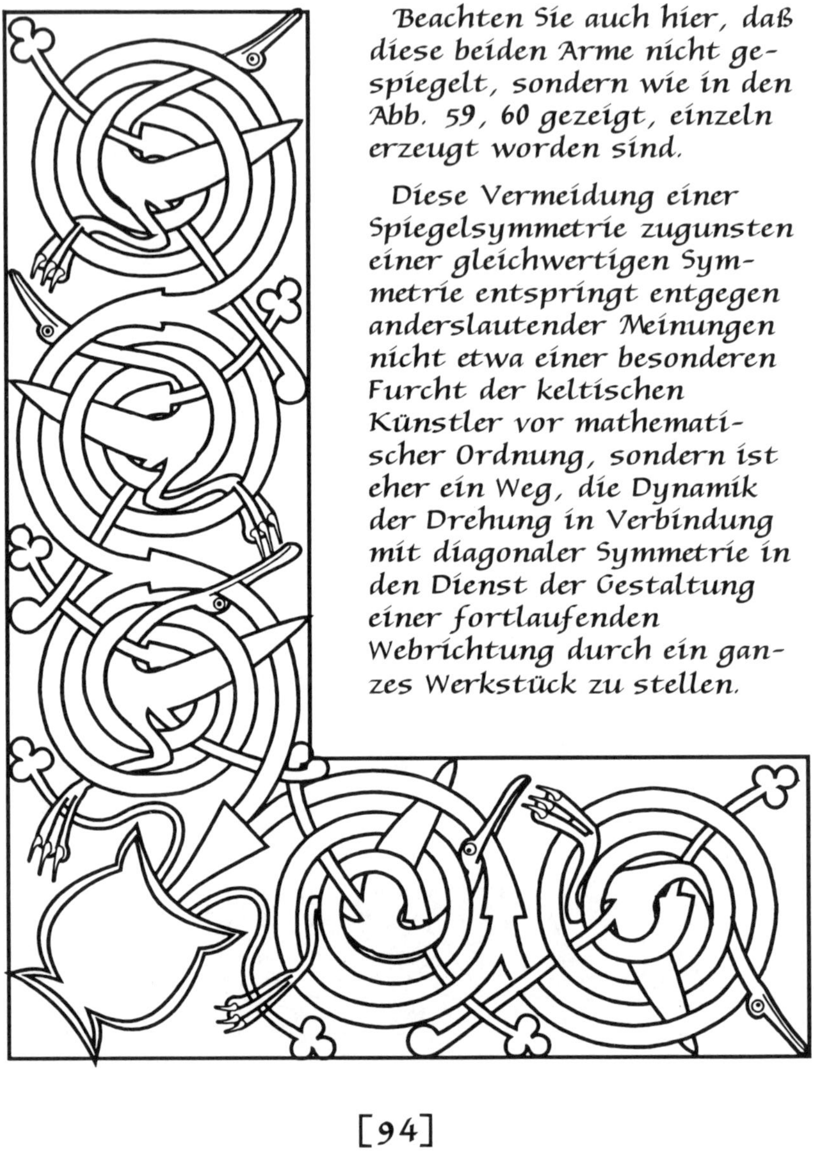

Beachten Sie auch hier, daß diese beiden Arme nicht gespiegelt, sondern wie in den Abb. 59, 60 gezeigt, einzeln erzeugt worden sind.

Diese Vermeidung einer Spiegelsymmetrie zugunsten einer gleichwertigen Symmetrie entspringt entgegen anderslautender Meinungen nicht etwa einer besonderen Furcht der keltischen Künstler vor mathematischer Ordnung, sondern ist eher ein Weg, die Dynamik der Drehung in Verbindung mit diagonaler Symmetrie in den Dienst der Gestaltung einer fortlaufenden Webrichtung durch ein ganzes Werkstück zu stellen.

Abb. 62 Rechte untere Ecke

Hier geht es darum, am Mittelpunkt jeder Seite eine Umkehrung des Verwebens zwischen den einander entsprechenden Einheiten zu erreichen.

Dies ermöglicht den Einheiten, sich zu einer fortlaufenden Borte zu vereinigen, in welcher die Webrichtung beibehalten wird. Gleichzeitig entsteht dadurch eine diagonale Symmetrie, wie in den Abb. 63, 64 gezeigt.

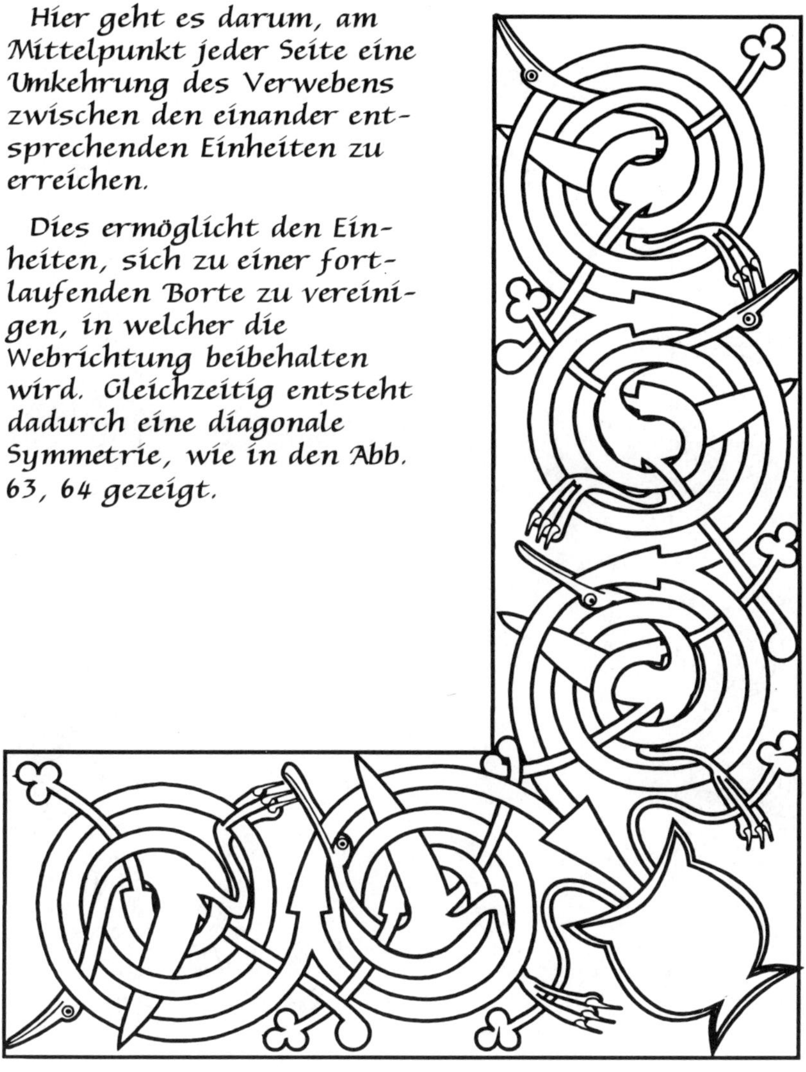

Abb. 63 Rahmen aus vier Eckeinheiten

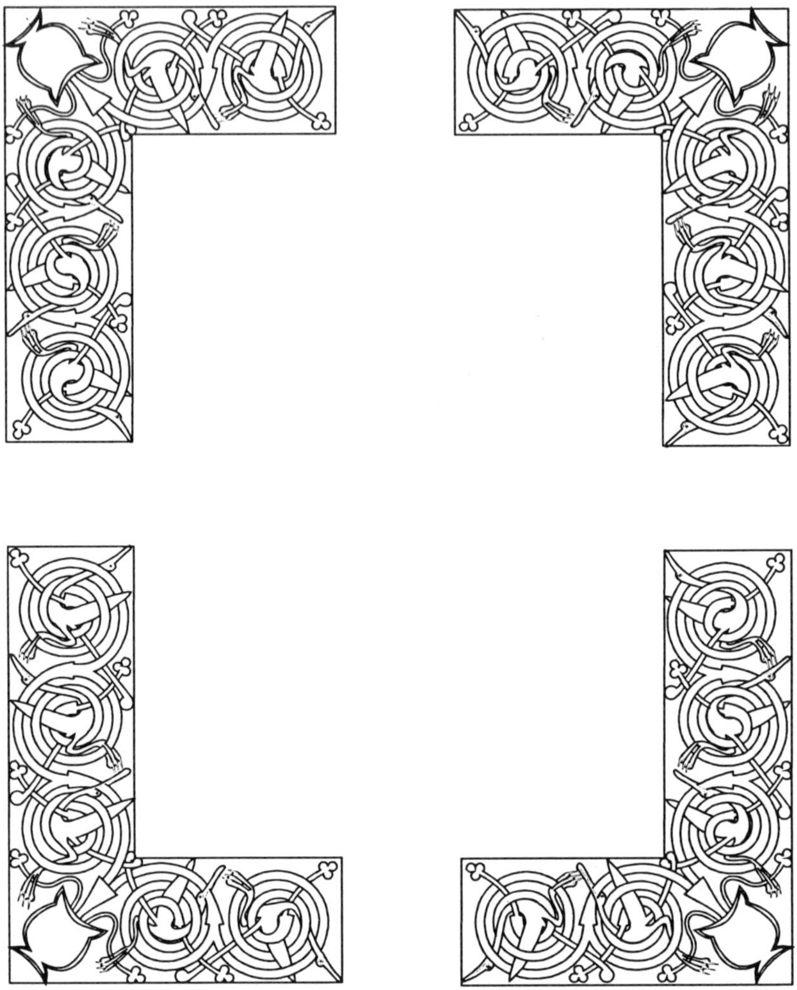

Abb. 64 Die durchgehende Borte

Abb. 65 Book of Kells, Bortendetail, Chi-Rho-Seite

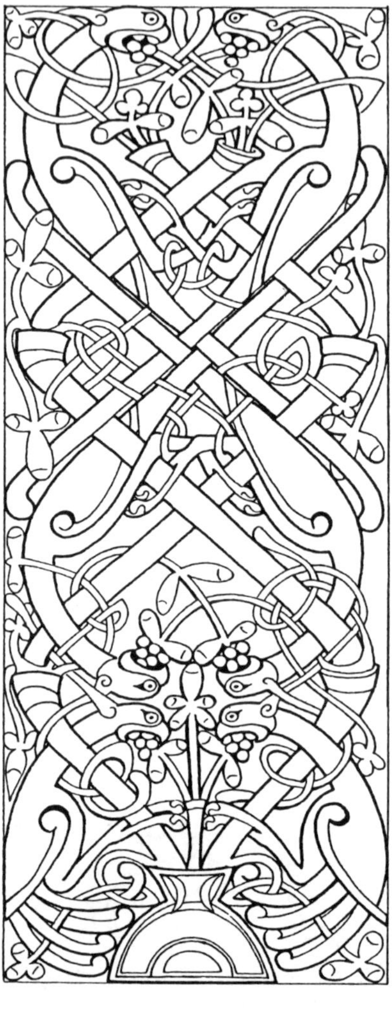

Der bewohnte Baum

Ich habe eine Hütte im Wald,
von der niemand weiß, nur der Herr;
Esche auf der einen Seite, Hasel auf der anderen,
ein großer Baum auf einem Hügel umschließt es.
Anon, irisch, 10. Jhd.

Tor zum Verständnis des bewohnten Baums ist die Erkenntnis, daß es sich bei dem vierbeinigen Tier, welches im Book of Kells oft im Baum des Lebens erscheint, nicht wie in Manuskripten aus Nordumbrien (z.B. dem Book of Lindisfarne) um einen Hund, sondern um einen Löwen handelt. Dessen Verbindung zum Baum geht, wie wir im ersten Kapitel gesehen haben, auf den geflügelten Löwen aus frühesten Traditionen des Mittleren Ostens zurück.

Abb. 66 Löwe im Baum, Book of Kells, Folio 258r

a Bleistiftzeichnung des Grundrisses

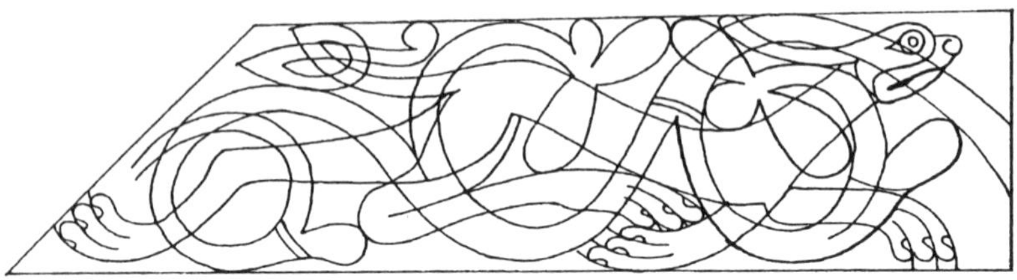

b dasselbe, verwoben

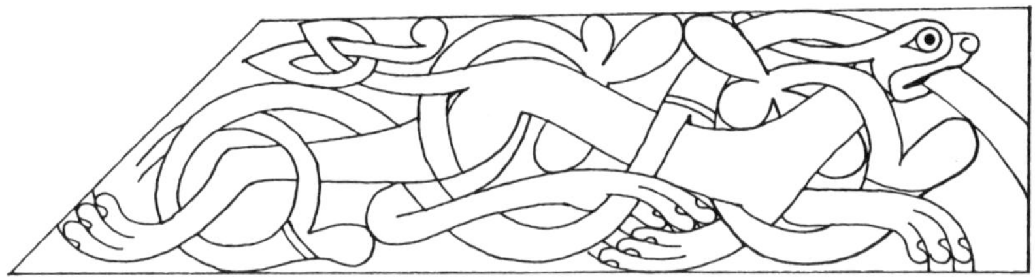

c die ausgefüllte und waagrecht gedrehte Einheit

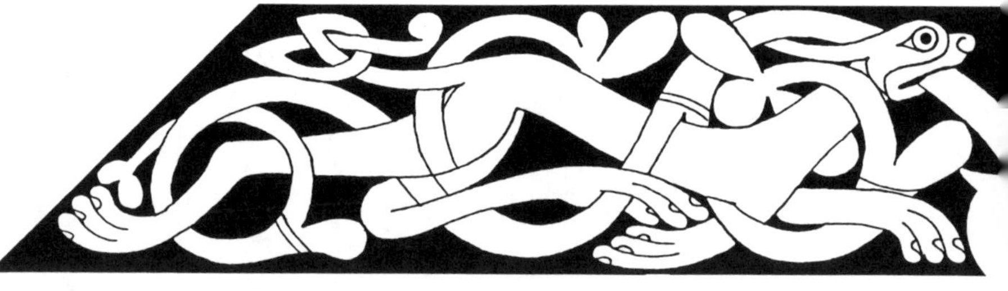

Der Löwe wird nicht immer mit einer Mähne dargestellt, besonders dann nicht, wenn das Original so wie hier im kleinsten Maßstab gezeichnet ist. Doch das charakteristische Merkmal zur Unterscheidung katzenartiger von hundeartigen Wesen ist die Länge der Schnauze; die der Katze weist eine Stupsnase auf, in die, wie hier gezeigt (Abb. 66), eine bestimmte Spirale eingezeichnet ist.

Dieses Beispiel basiert auf einer Eckeinheit eines Rahmens, das wie ein hölzerner Bildrahmen im 45°-Winkel zusammengefügt wird. Ich habe es hier auseinandergenommen, um einen geraden, an beiden Enden zugespitzten Abschnitt zu erstellen.

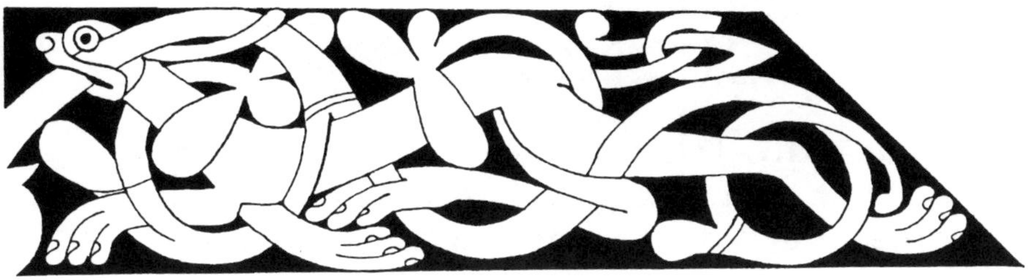

Abb. 67 Borte eines bewohnten Baums, Book of Kells, Folio 285r

a

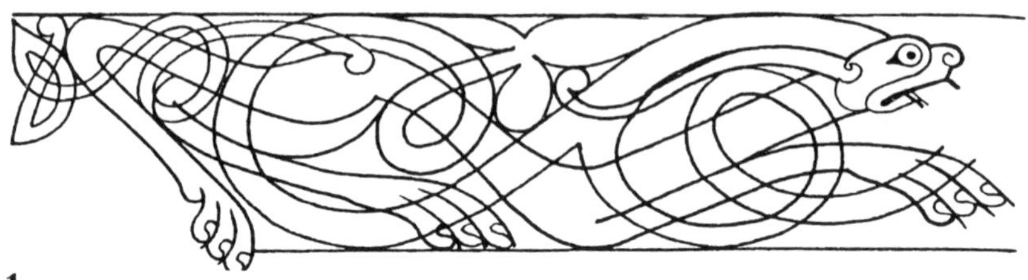

b

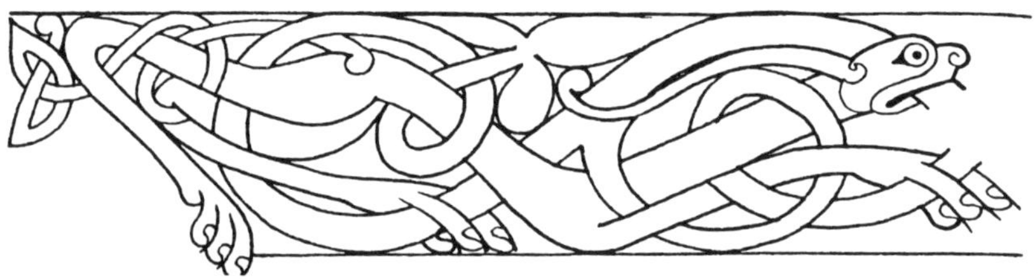

c

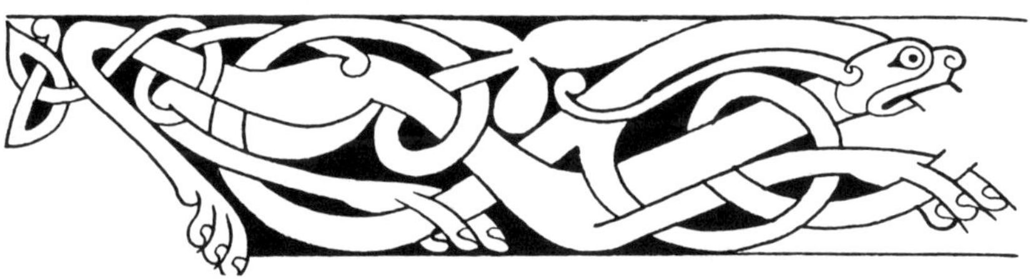

Dies ist die linke untere Eckeinheit auf der linken Seite einer Borte. Der besseren Ansicht wegen, habe ich sie in die Waagerechte gedreht.

Abb. 68 Borte eines bewohnten Baums, Book of Kells, Folio 285r

a

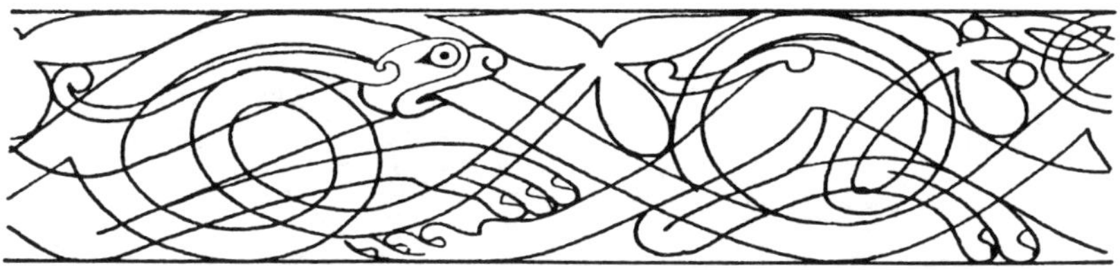

b

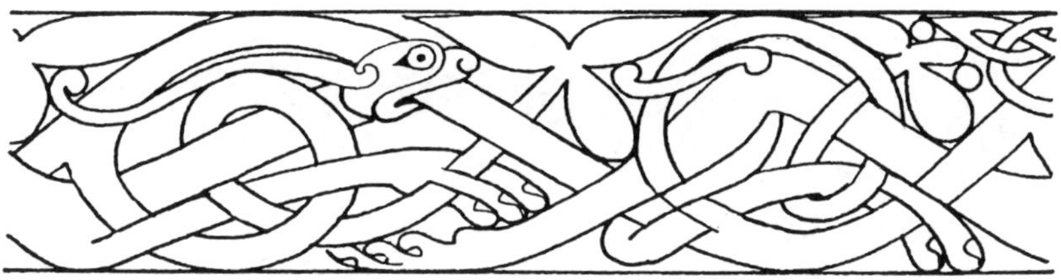

c

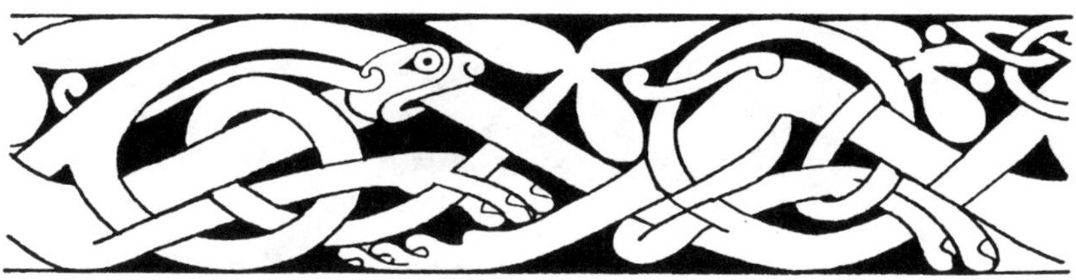

Auf der linken Seite sieht man den Kopf des Tieres aus der vorhergehenden Abb., was die Überschneidung mit dem hinteren Ende eines zweiten Tiers zeigt.

Abb. 69 Borte eines bewohnten Baums, Book of Kells, Folio 285r

a

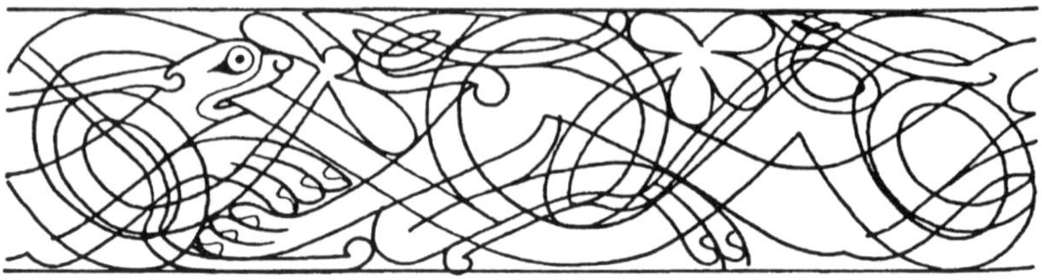

b

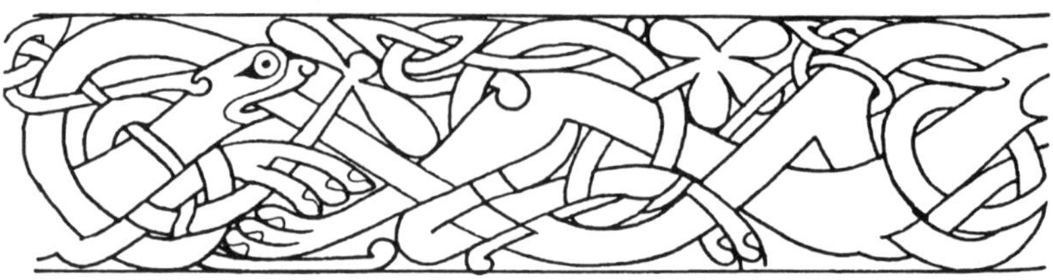

c

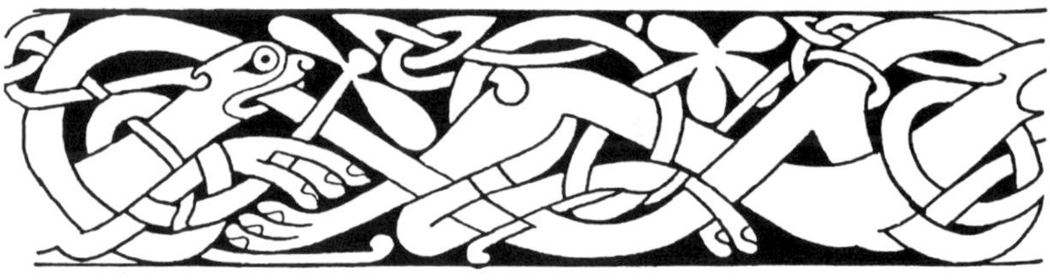

Auf der linken Seite überschneidet sich das vordere Ende des Löwen aus der vorhergehenden Abbildung mit dem hinteren Ende eines dritten Löwen, dessen

Abb. 70 Borte eines bewohnten Baums, Book of Kells, Folio 285r

a

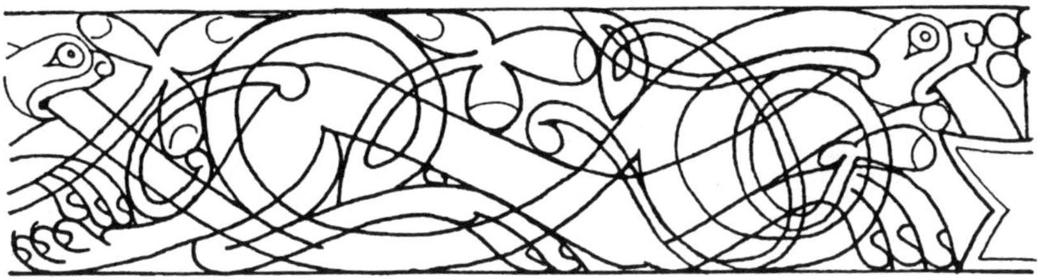

b

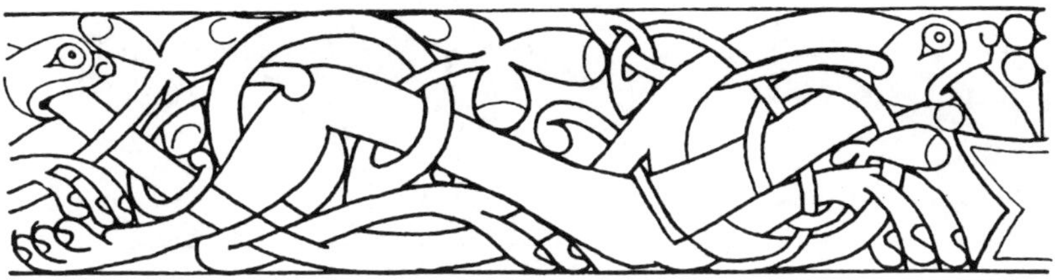

c

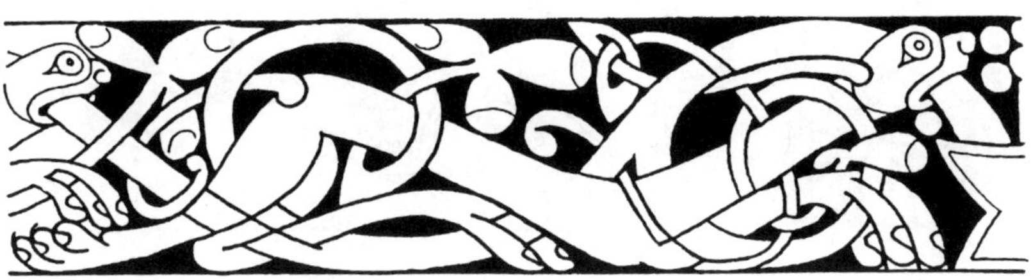

Kopf links auf Abb. 70 erscheint. Die Pfote des vierten Löwen berührt durch die Mitte des Musters hindurch den Topf des Lebensbaums.

Abb. 71 Borte eines bewohnten Baums, Book of Kells, Folio 285r

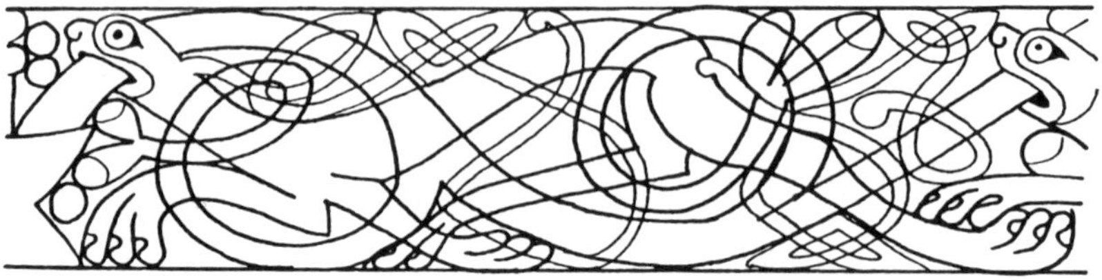

a

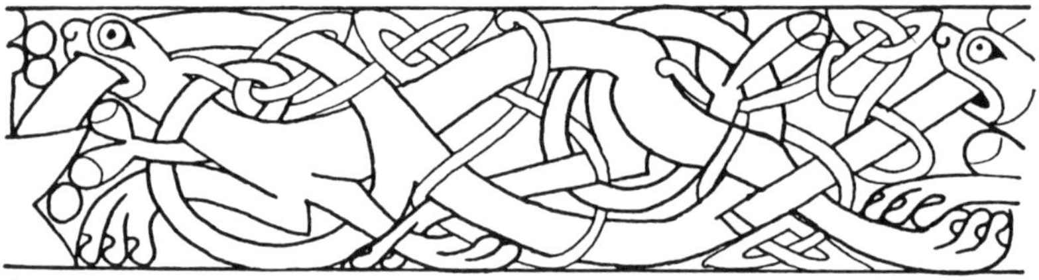

b

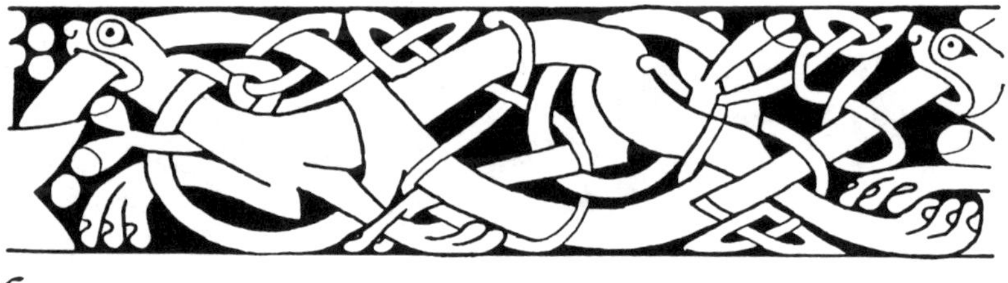

c

Der erste Löwe rechts vom Topf berührt mit seinen Pfoten die des zweiten, dessen Kopf rechts zu sehen ist.

Abb. 72 Borte eines bewohnten Baums, Book of Kells, Folio 285r

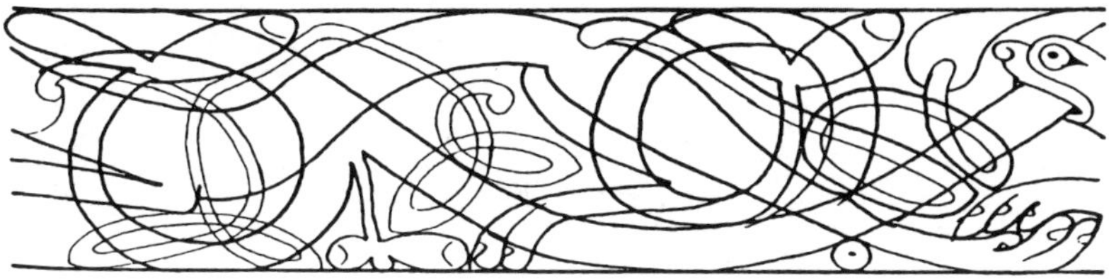

a

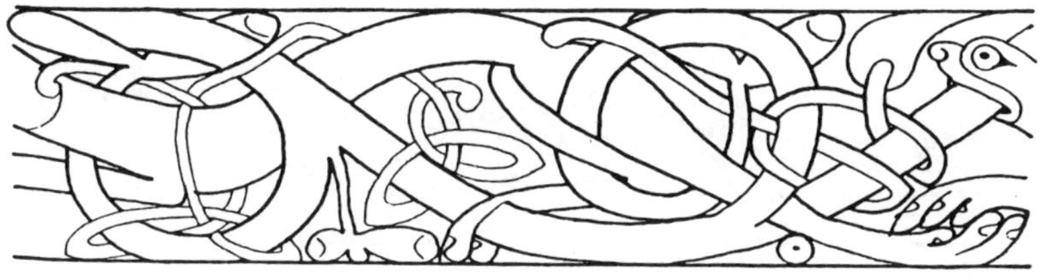

b

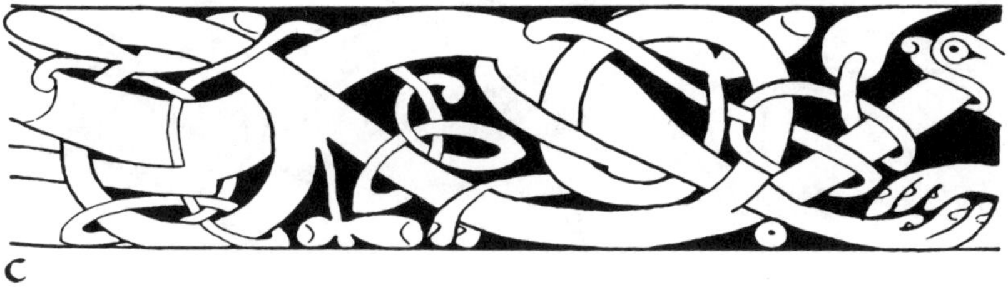

c

Der zweite Löwe – hier vom Hals an abwärts gezeigt – berührt die Pfote des dritten Löwen.

Abb. 73 Borte eines bewohnten Baums, Book of Kells, Folio 285r

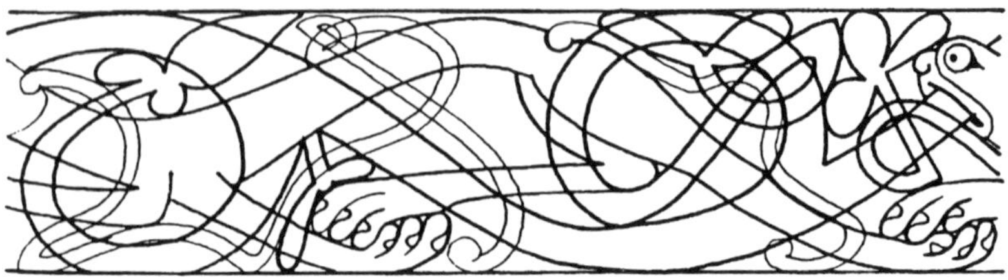

a

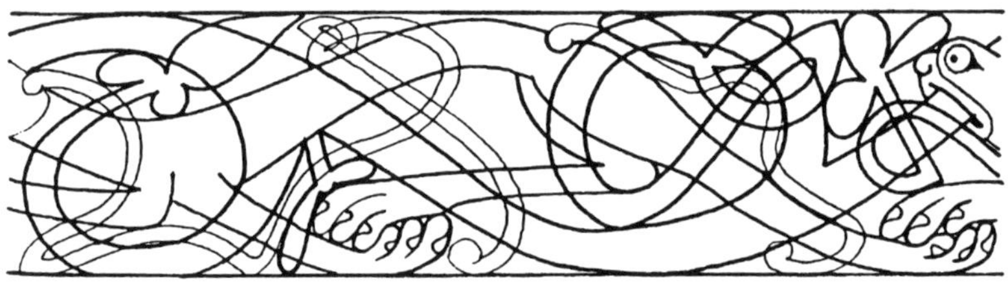

b

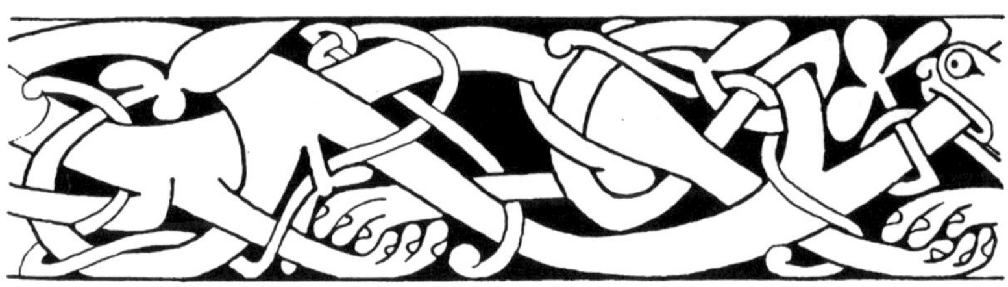

c

Der Körper des dritten Löwen ist auf der rechten, der Kopf des vierten Löwen auf der linken Seite. Das Ohr des vierten Löwen endet in einer Blattform.

Abb. 74 Borte eines bewohnten Baums, Book of Kells, Folio 285r

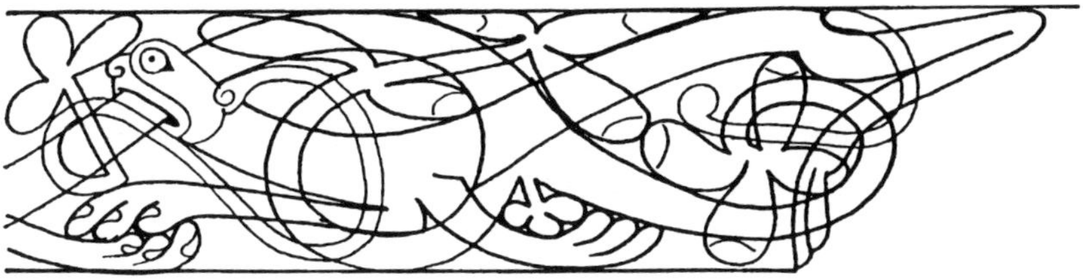

a

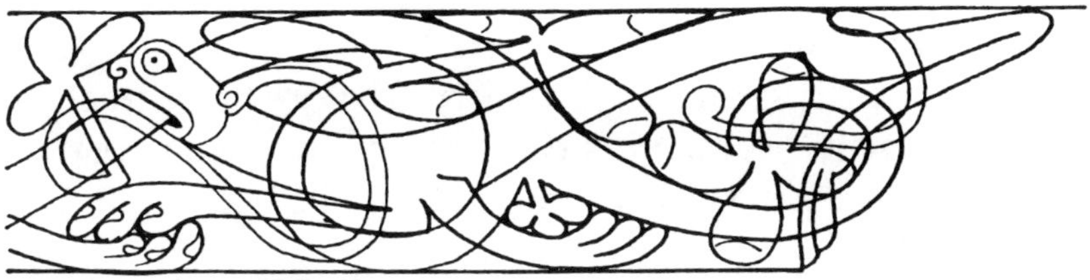

b

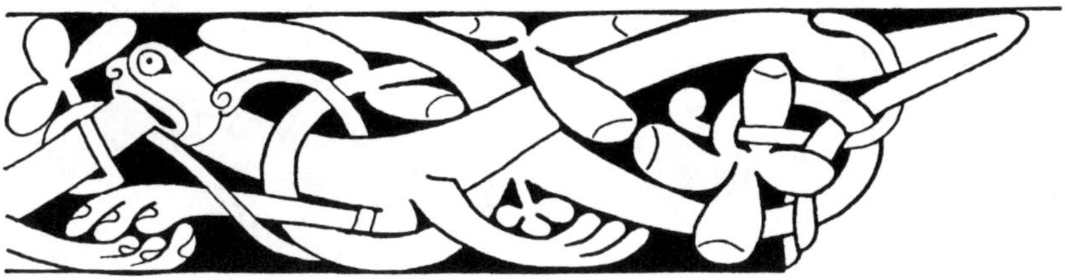

c

Des fünften Löwen Hinterbein und Schwanz füllen die 45°-Spitze der Ecke. Diese Einheit vervollständigt eine Seite des Rahmens.

Abb. 75 Bewohnter Baum, Book of Kells, Grundriß

Sie werden dies als die illustrierte Tafel der *In Principio*-Seite des Johannes-Evangeliums aus dem Book aus Kells wiedererkennen, welche wir in Abb. 1 betrachtet haben und die wirklich ein bewohnter Baum ist. Als ich sie zeichnete, bemerkte ich etwa ein Dutzend Webfehler darin, die ich korrigierte, als ich mit Abb. 76 fortfuhr. Im Sinne eines Fehlersuchspiels können Sie gerne mal versuchen, wie viele Sie finden können. Wenn Sie zunächst mit einem harten

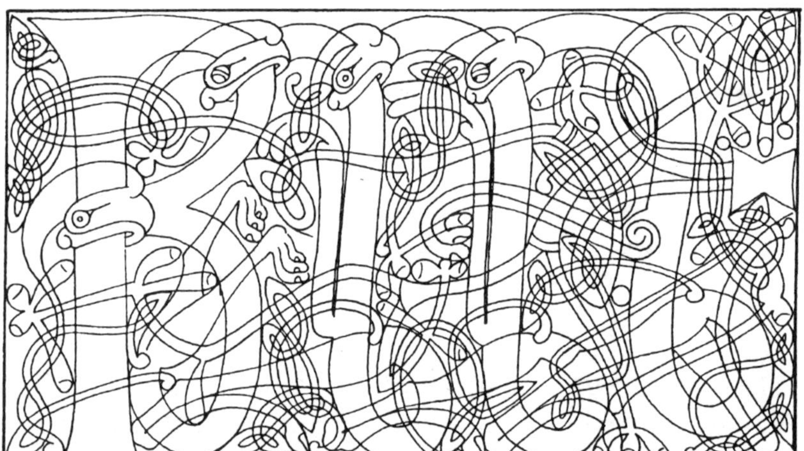

Abb. 76 Die Buchstaben R und I

Bleistift eine vergrößerte Kopie der Abb. 75 leicht nachfahren und sie dann mit einem weicheren Bleistift verweben, bevor Sie das Ganze mit Tusche ergänzen, werden Sie die von mir durchgeführten Veränderungen im Vergleich der Abb. 1 und 76 bemerken.

Auf den folgenden Seiten habe ich die Buchstaben herausgelöst. Da sie aber bezüglich ihrer Verbindungen vom Baum abhängig sind, habe ich alternative Knotenkonstruktionen vorgegeben.

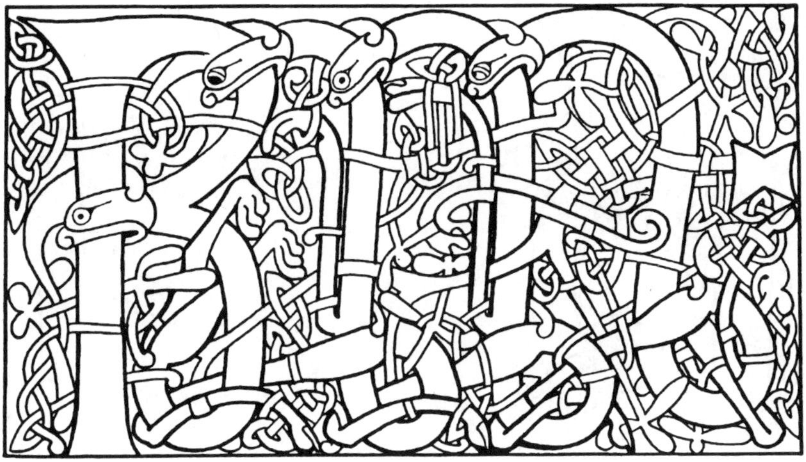

Abb. 77 Die Buchstaben R und I

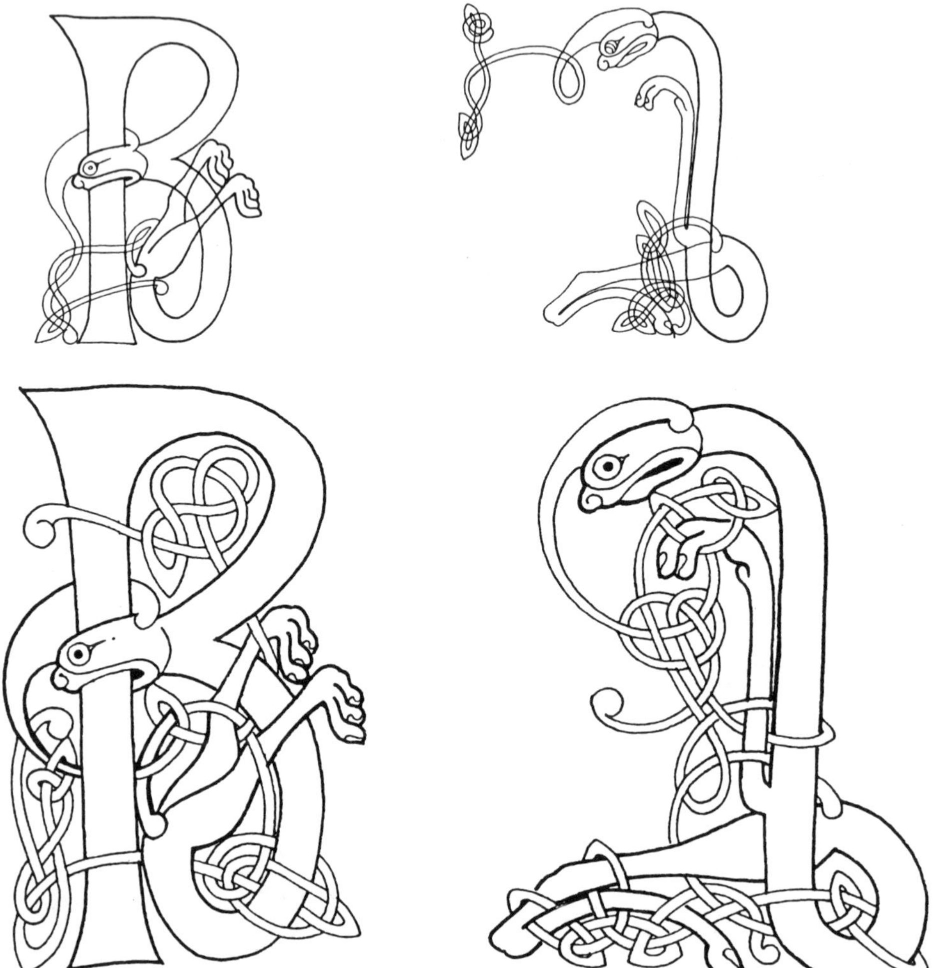

Abb. 78 Buchstabe N

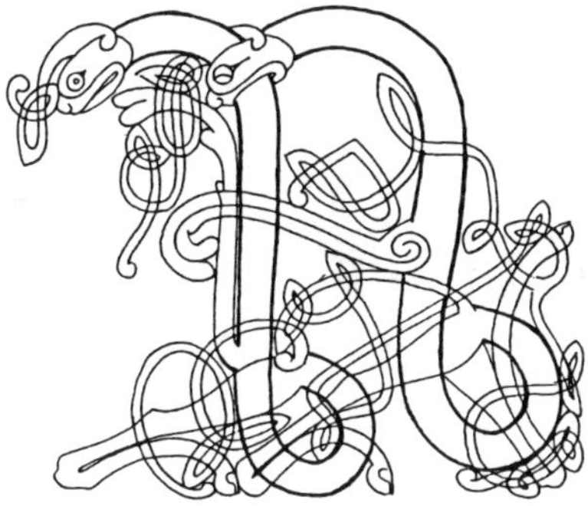

Links: die originalen Grundrisse.

Unten: vorgeschlagene Knotenanordnungen. Gefüllte Versionen der drei Buchstaben unten werden oben auf Abb. 4 gezeigt. Sie können diese hier auf dieselbe Weise mit Schwarz oder einer anderen Farbe wie z.B. Rot ausfüllen.

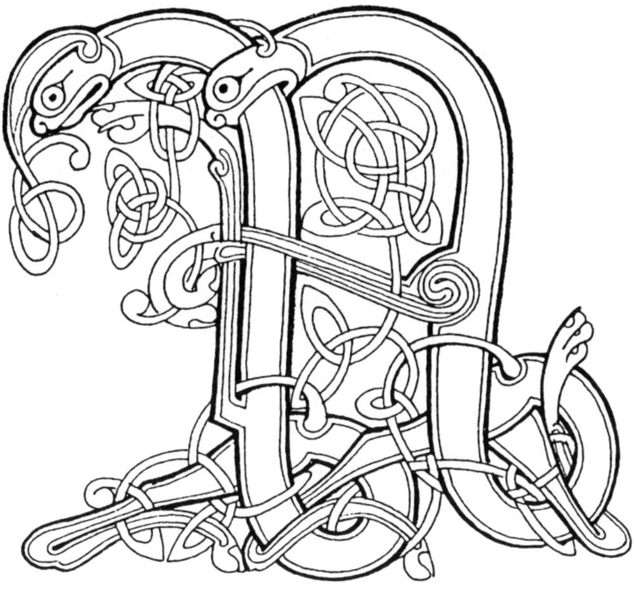

Abb. 79 Löwen und Buchstaben im Baum des Lebens

Diese Tafel mit illustrierten Buchstaben besteht aus Löwen in einem Baum. Sie bilden die Buchstaben ACHA als Teil des Namens Zacharias. Sie gehören zum Löwenalphabet des Book of Kells, das ich bereits in Keltische Buchstaben, einem früheren Teil dieser Serie, gezeigt habe.

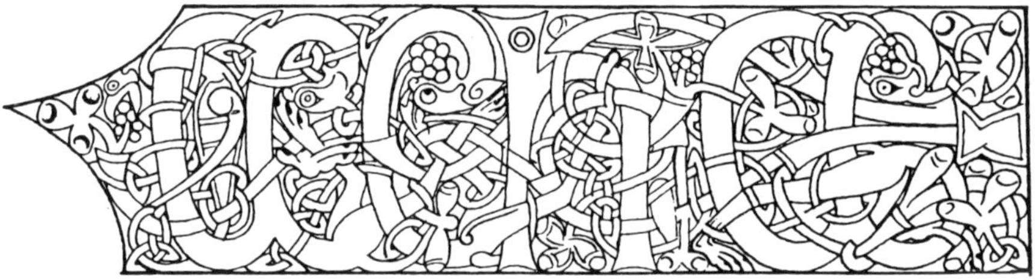

Baum und Blatt

Wohl dem Menschen, der Weisheit erlangt ...
Ihre Wege sind liebliche Wege,
und alle ihre Steige sind Frieden.
Sie ist ein Baum des Lebens allen, die sie ergreifen,
und glücklich sind, die sie festhalten.
Sprüche 3:18

Ich betrachte den Baum ohne Tiere oder Vögel als einen Verweis auf den Ast. Die frühen Christen wußten, daß das Wort Nazarener "Ast" und "Sproß" bedeutet, wie Sacharja prophezeiht hatte: "Siehe, ich will meinen Knecht, ‚den Sproß' kommen lassen" (Zararias 3,8), und, des weiteren: "Siehe, es ist ein Mann, der heißt ‚Sproß'; denn unter ihm wird's sprossen, und er wird bauen des Herrn Tempel." (Zacharias 6,12).

Abb. 80 Baum von North Cross, Dulleek, Irland

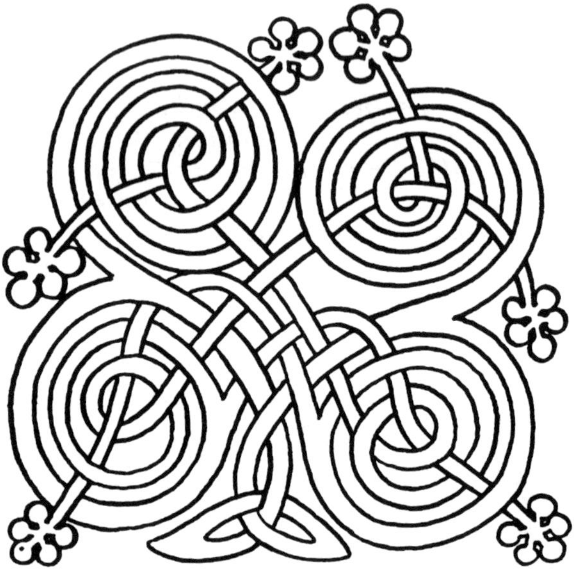

Diese Figur kombiniert anstelle des Topfes vom Triquetra-Knoten stammende Spiralen, Knoten und Baumformen und spielt damit vielleicht auf die Dreifaltigkeit an. Crawford sieht darin "eine Darstellung des Weinstocks, die sich vom herkömmlichen Typus unterscheidet, da sie keine der sonst oft in den Ästen wiedergegebenen Tiere und Vögel zeigt. Der Baum ist in seiner Gestaltung zu einem abstrakten Muster reduziert; allein die Form der Äste und die Trauben weisen auf den Weinstock hin."

Abb. 81 Bearbeitung der Borte, basierend auf der vorherigen Abbildung

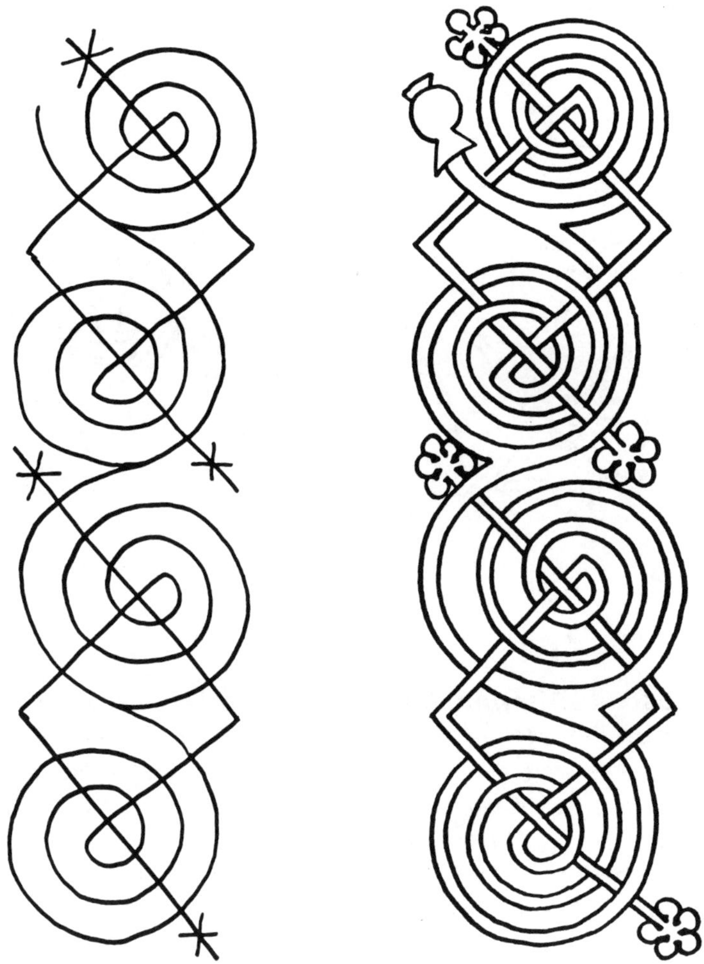

Abb. 82 Aus dem Book of Kells, Folio 32v

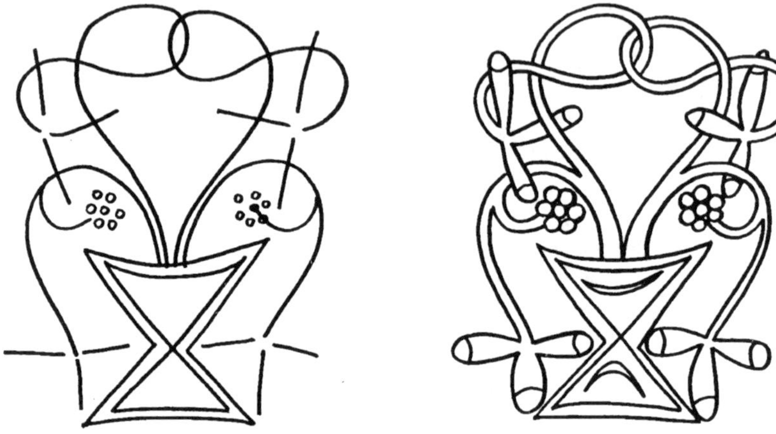

Dieser blühende Baum mit dreifachen Kleeblättern bildet ein sich aus dem Topf erhebendes Herz, das auf dem Andreaskreuz oder dem diagonalen Kreuz basiert. Dieses wiederum ist ein Synonym für den griechischen Buchstaben X oder Chi, den Anfangsbuchstaben des Namens Christi. Die Blütenform basiert auf der Geometrie des Hexagons, sechs Kreise umgeben einen siebten im Zentrum.

Abb. 83 Triquetra-Baumtafel, Kells

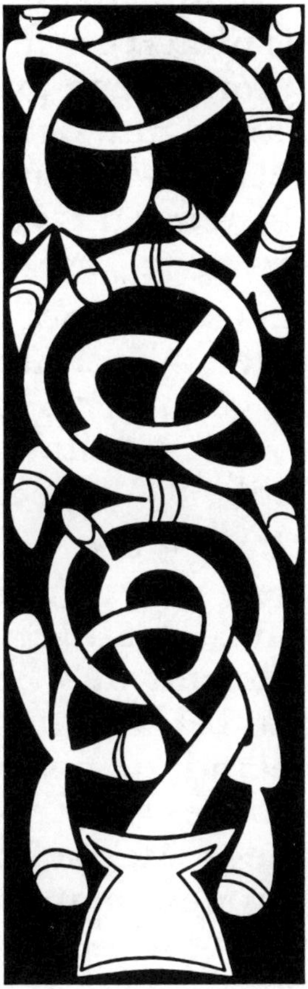

Die Konstruktion des Baums wird auf den folgenden Seiten in den Abb. 85-90 dargestellt.

Ich hörte einmal, die Analogie der zwei Vögel auf einem Baum bezöge sich auf die beiden Gehirnhälften mit der Wirbelsäule als Baum. Diese Interpretation erstreckt sich auch auf den Topf, der die Beweglichkeit des Baums andeutet; da er nicht an einem Ort verwurzelt ist, kann er sich bewegen.

Ich erwähne das nebenbei als Einleitung des folgenden Abschnitts, in welchem ich einige geometrische Studien der Konstruktion des Baums aus dem Book of Kells (Abb. 83) wiedergebe.

Manche Menschen – die rechtshirnbetonten – finden es einfach, Zeichnungen zu studieren, die Linien zu sehen und sie sich während des Betrachtens gezeichnet vorzustellen, um dann Stift und Papier zur Hand zu nehmen und den Prozeß auf die vorgestellte Weise nachzuvollziehen. Diese Menschen finden Gitterkonstruktionen manchmal langweilig, weil sie diese nicht benötigen. Andere gehen eher zögerlich ans Zeichnen heran und bevorzugen die Annäherung über eine Gitterkonstruktion, da diese ihnen dabei hilft, das gesamte Muster vor ihrem geistigen Auge zu sehen. Danach fällt ihnen das Zeichnen viel leichter.

Abb. 84 Die Geometrie der Ranke

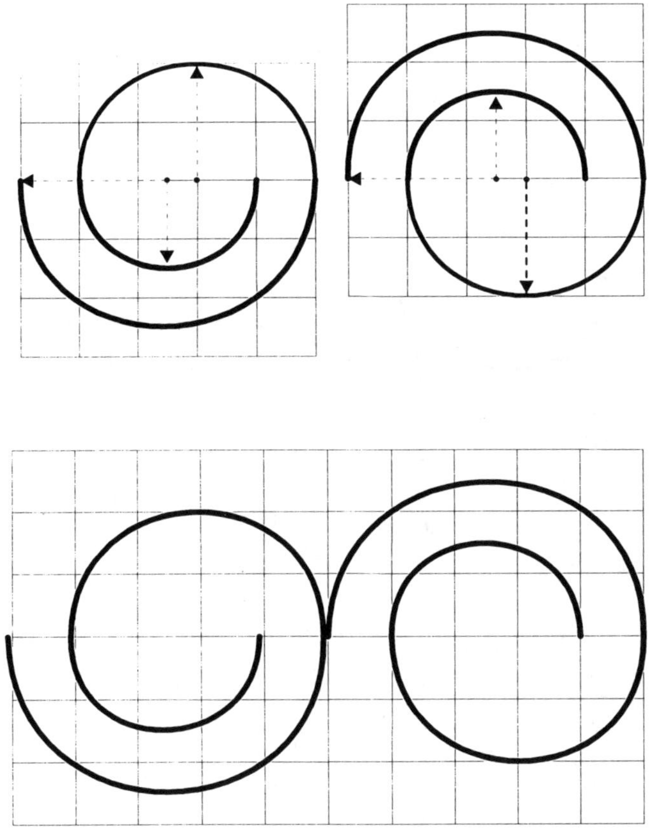

Abb. 85 Die Geometrie des Baums: 1

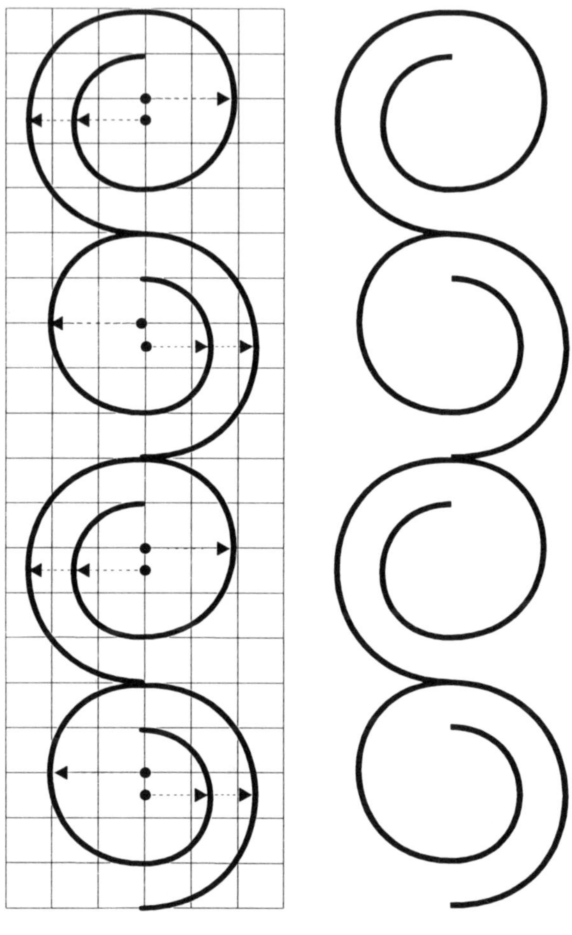

Abb. 86 Die Geometrie des Baums: 2

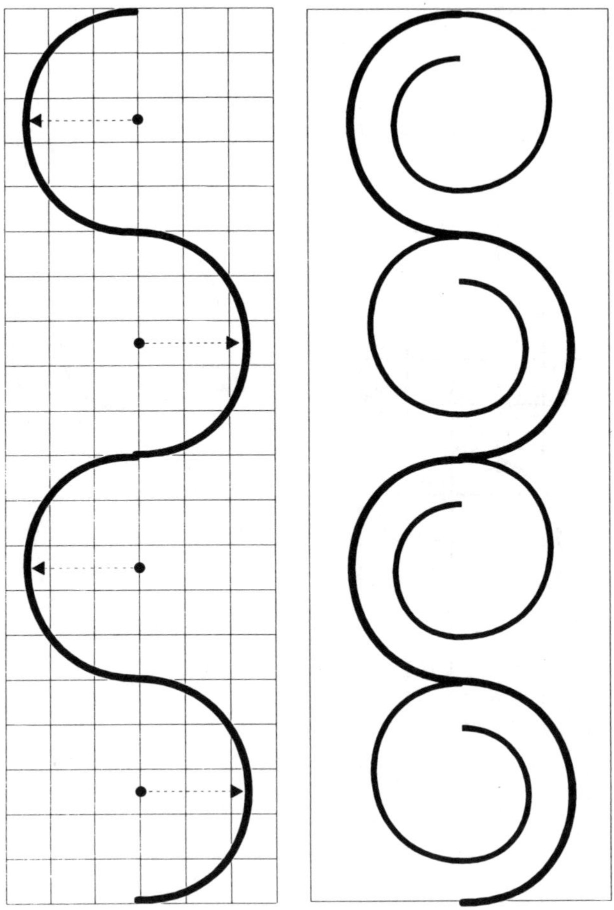

Abb. 87 Gitterkonstruktion: 1

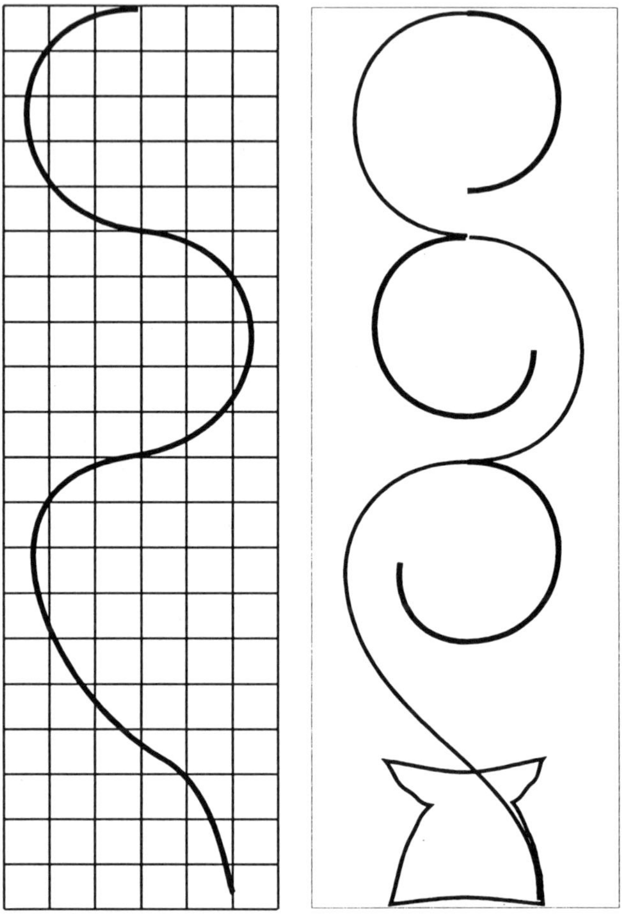

Abb. 88 Gitterkonstruktion: 2

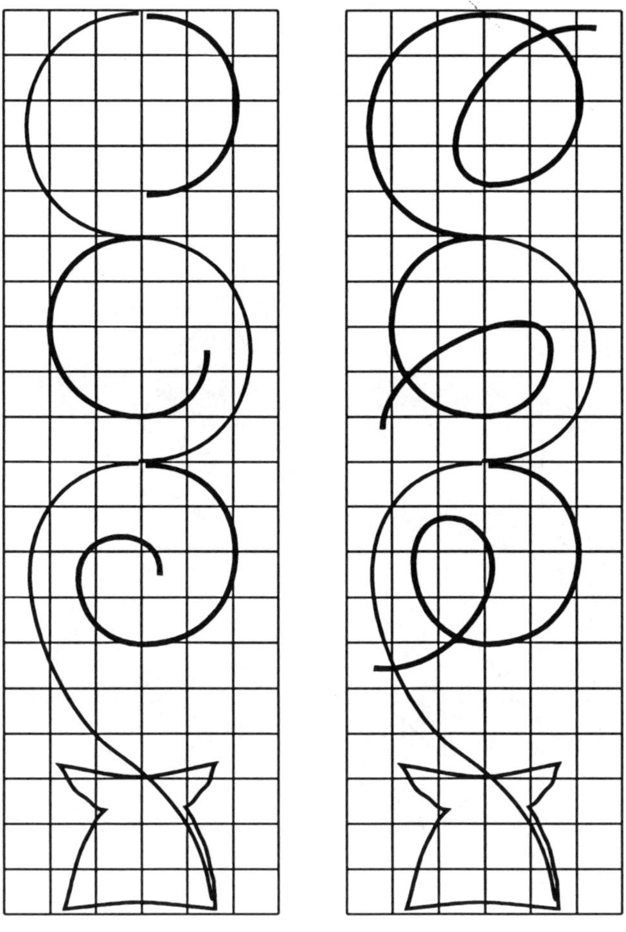

Abb. 89 Schlüsselstrich-Konstruktion: 1

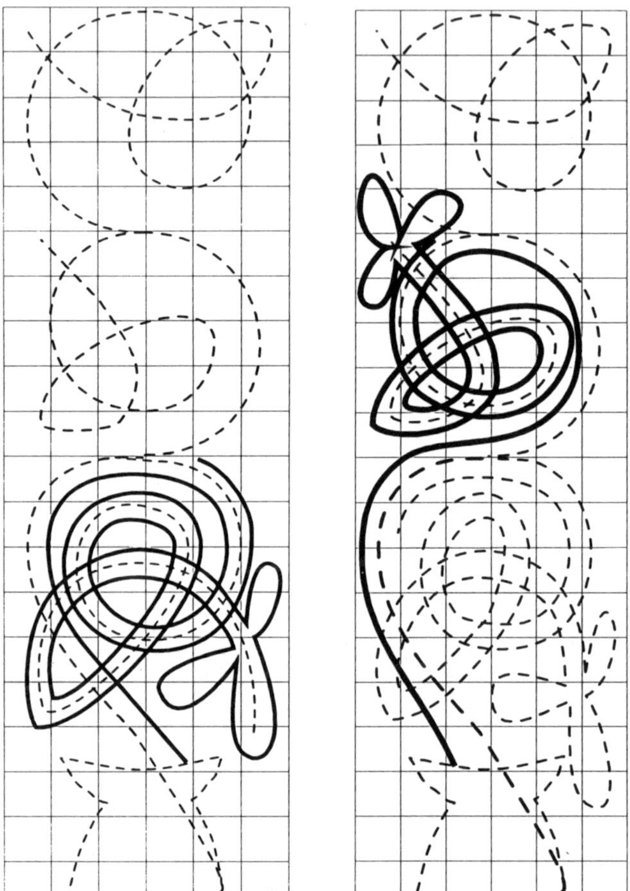

Abb. 90 Bleistiftzeichnung des Grundrisses, Endskizze

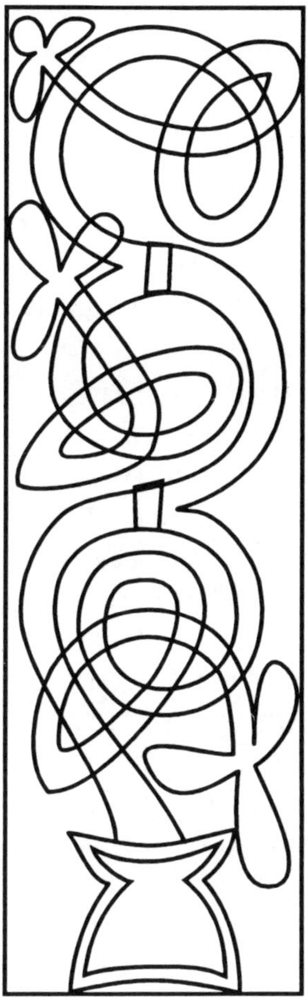

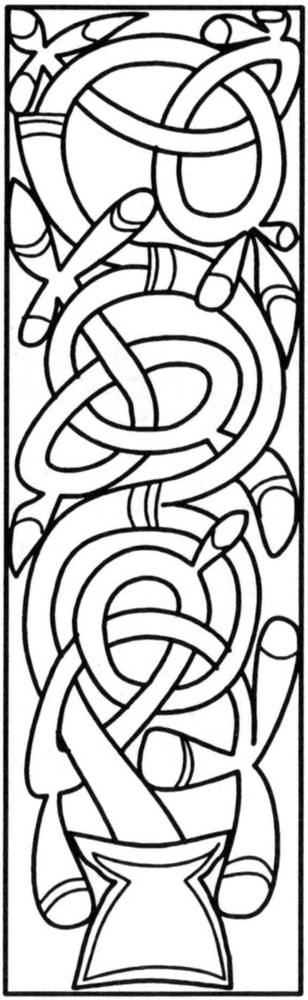

Die Abb. 91-96 zeigen zwölf Stadien der Baumkonstruktion, in welchen die Hauptlinien der Ranken mit einem Zirkel vorgezeichnet, (Abb. 91-94) mit dem Bleistift nachgezeichnet, verwebt und schließlich mit Tusche nachgezogen werden können, Abb. 95-96.

Noch ein allgemeines Wort zu Gitterkonstruktionen. Es gab Diskussionen darüber, ob diese für die keltische Kunst von Bedeutung sind oder nicht. Die Sichtweise, die das verneint, wurde von Liam de Paor zum Ausdruck gebracht.

"Die Ordnung kommt aus dem Inneren: Dies ist der Schlüssel zu dem, was an der irischen Kunst des frühen Christentums ‚keltisch' ist. Das kann nicht mit einer Reißschiene und einem Malstock aufgelegt oder mittels einer Durchnumerierung wie bei einem römischen Heerlager erreicht werden; es ist nicht einmal unter der Führung eines harmonischen Elements wie der griechischen Tabulatur möglich: Es windet sich spiralförmig aus dem Herzen des Musters, es drückt weder Essenz aus noch Sein, sondern stetes Werden, und der Künstler muß sich mit der Windung jeder einzelnen Linie ebenso befassen wie mit der Planung des

Gesamtmusters ... Ein Meister der Kalligraphie kann seinen Pinsel in die Farbe tauchen und bereithalten, auf die leere Seite starren und diese in sich aufnehmen, um dann rasch die richtige Form im richtigen Gleichgewicht an den rechten Ort zu bringen ... Darum sind moderne Nachahmungen ‚keltischer' (i.e. früher irischer) Manuskriptseiten, die aufgrund umständlich aufgesetzter Muster von Quadraten, Rechtecken, Dreiecken und mit dem Zirkel gezeichneter Kurven erstellt wurden, ebenso tot wie ein Türnagel."

Tatsächlich aber wurden die alten Manuskripte vor der Zeichnung genauestens geplant, wobei sie auf die Aufstellung exakter quadratischer Muster und mit dem Zirkel gezogener Kurven angewiesen waren. Vieles an der modernen keltischen Kunst ist deshalb schlecht, weil sie Liam de Paors Rat folgt. Was er sagt, mag auf die Kalligraphie des Zen anwendbar sein, doch nicht im westlichen Schrifttum, welches die Seite beherrschen und den absoluten Befehl über Proportionen und Winkel haben muß. *Ohne Wissenschaft ist die Kunst nichts* war die Philosophie der mittelalterlichen Schreiber und auch die aller wahren Künstler jedes Zeitalters.

Abb. 91 Die Konstruktion des Baums, erster und zweiter Schritt

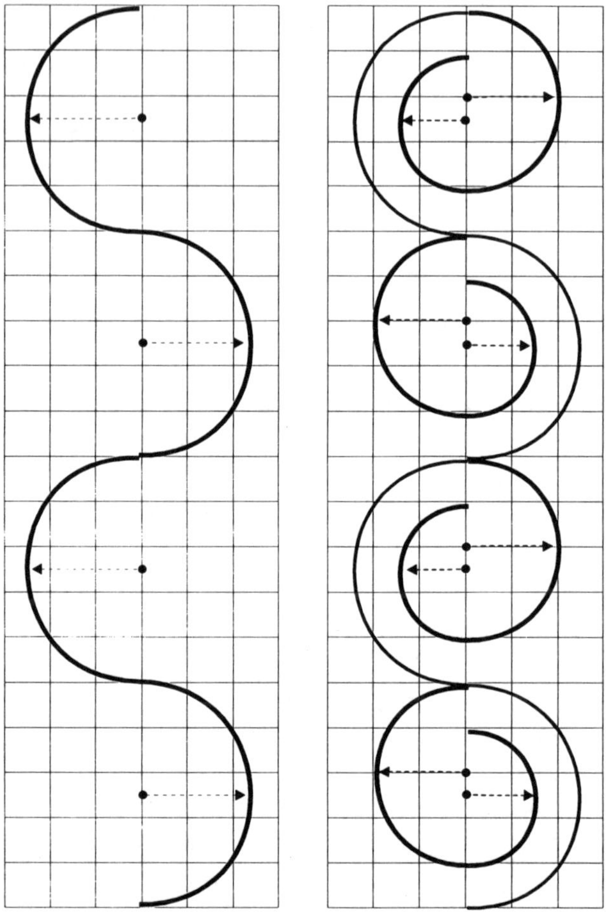

Abb. 92 Die Konstruktion des Baums, dritter und vierter Schritt

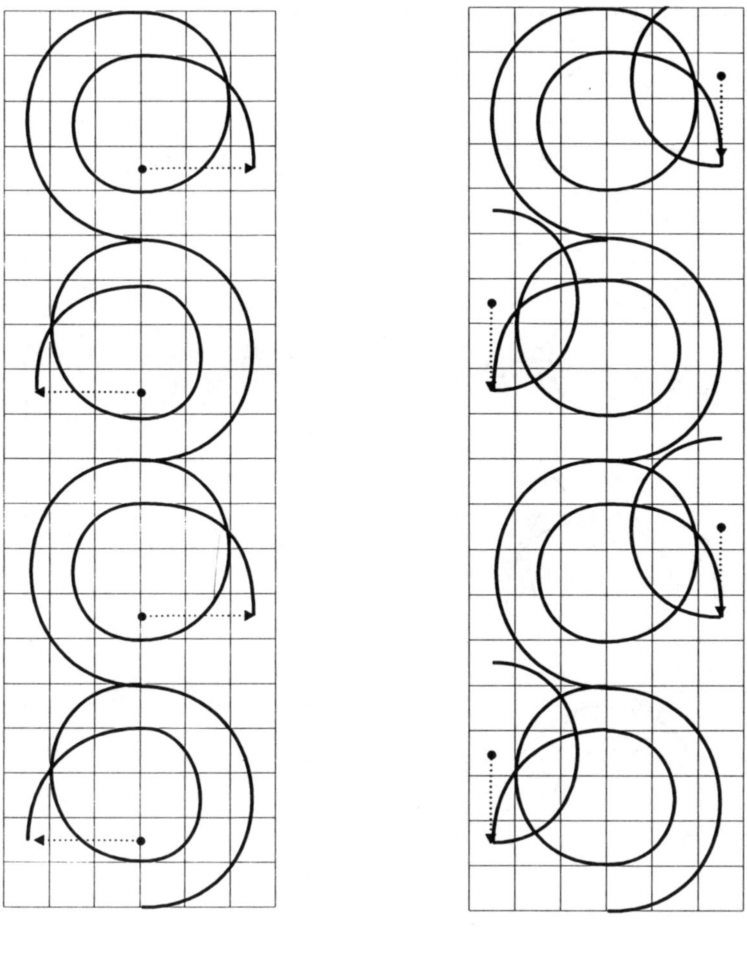

Abb. 93 Die Konstruktion des Baums, fünfter und sechster Schritt

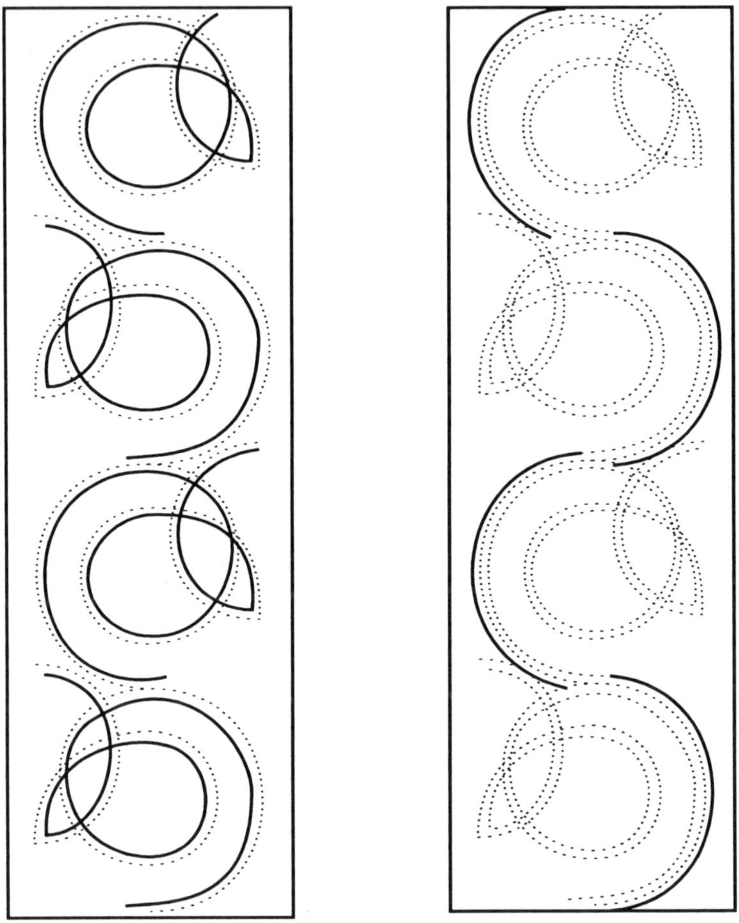

Abb. 94 Die Konstruktion des Baums, siebter und achter Schritt

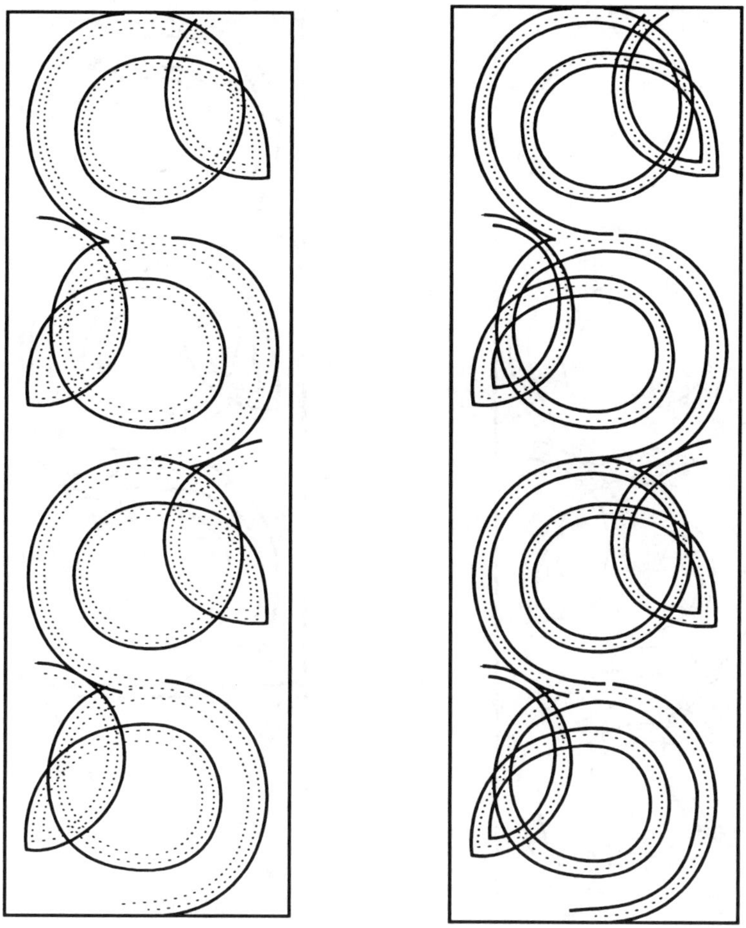

Abb. 95 Die Konstruktion des Baums, neunter und zehnter Schritt

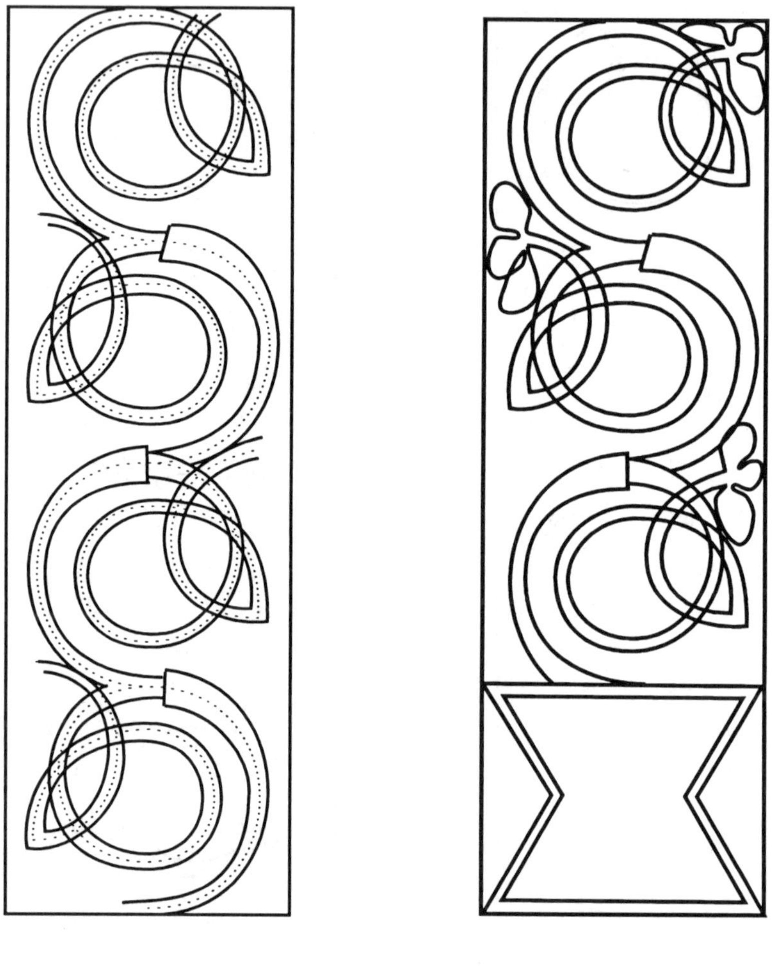

Abb. 96 Die Konstruktion des Baums, elfter und zwölfter Schritt

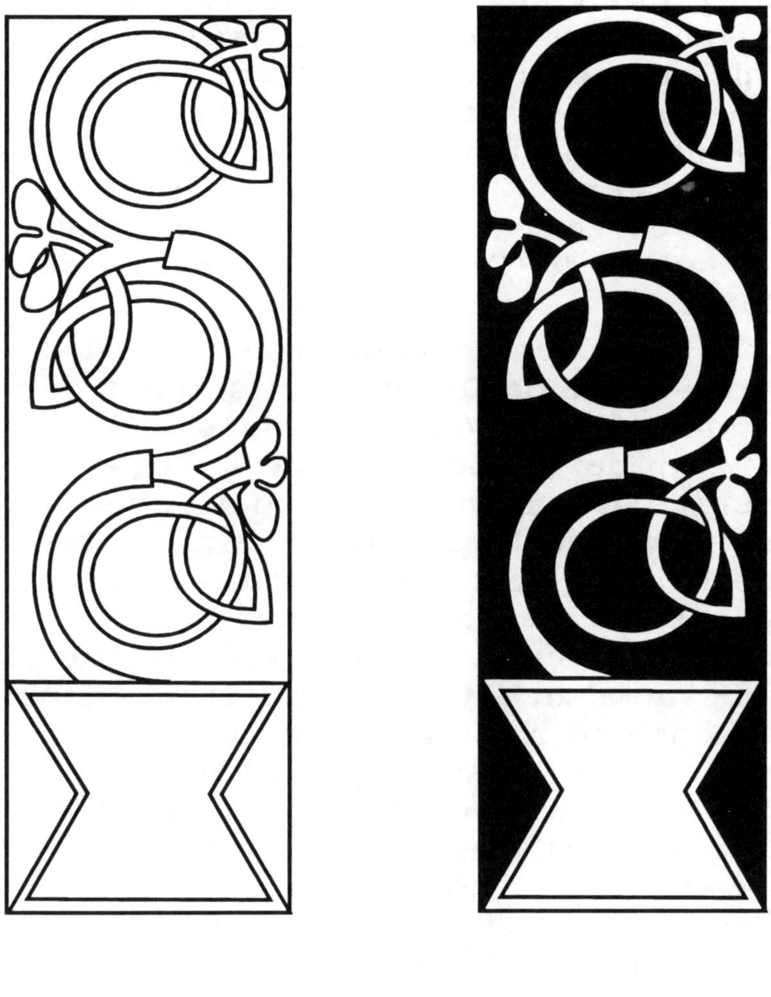

Bezüglich der Art von Kunst, die wir im Book of Kells finden, schloß Liam de Paor, "sie produziert aufgrund ihrer Ordnung Ablehnung und Faszination zugleich, indem sie eine explosive Anarchie gerade noch kontrolliert und uns so einen kurzen Blick auf das Chaos im Herzen des Universums erlaubt, das unsere romanisierte Kultur mit allen Kräften zu verbergen sucht." Wahrscheinlicher ist jedoch die Ordnung das Zentrum der Kunst.

Die auf jeder Seite des Book of Kells offensichtliche Ordnung entstammt der traditionellen Weltsicht der damaligen Zeit: In der Sprache der Kosmologie werden Anfang und Ende jeder Seinsebene durch ihr Zentrum definiert. Jede Erscheinung geht aus einer bestimmten Seinsebene hervor oder wird in diese hineingeboren, erweitert sich von diesem Punkt aus bis zu den Grenzen seines Wesens und zieht sich dann bis zum Punkt des Verlassens dieser Ebene wieder zusammen. Im Moment der absoluten Zusammenziehung hört sie auf dieser Ebene auf, zu existieren und wird in eine andere Weise des Seins oder in eine andere Existenzdimension umgewandelt.

Auf jeder Ebene wird der Punkt des Hervortretens wie auch jener der endgültigen Wiederkehr durch das Symbol des Zentrums verkörpert. Die zyklische Rundung des Seins wird durch den Umfang des Kreises symbolisiert. Das Symbol par excellence für das Zentrum ist das Kreuz. Das mathematische Zentrum wird mittels der Kreuzung von waagrechter und senkrechter Dimension definiert. Die Dimensionen wurden ursprünglich als mit dem Bewußtsein in Verbindung stehend interpretiert: Die senkrechte entspricht dem axialen Pol des unbestimmten Prinzips der Identität, während die waagrechte für die Ebene steht, auf welcher diese Identität Gestalt annimmt. Die Ebene symbolisiert die Welt der Erscheinungen, welche die Existenz eines Wesens bestimmt. Die senkrechte Dimension der Identität ist jedoch nicht so festgelegt, sie bleibt der Kreisebene, die sie kreuzt, fern und ermöglicht den Bedingungen dieser Ebene dadurch, in Wirkung zu kommen und kontrolliert die Grenzen dieser Bedingungen von der Mitte aus. Für diese traditionelle Sichtweise ist die Geometrie eindeutig von wesentlicher Bedeutung.

Abb. 97 Spiralstamm und dreiblättriger Klee. Einheit im Gegenuhrzeigersinn: erster Schritt

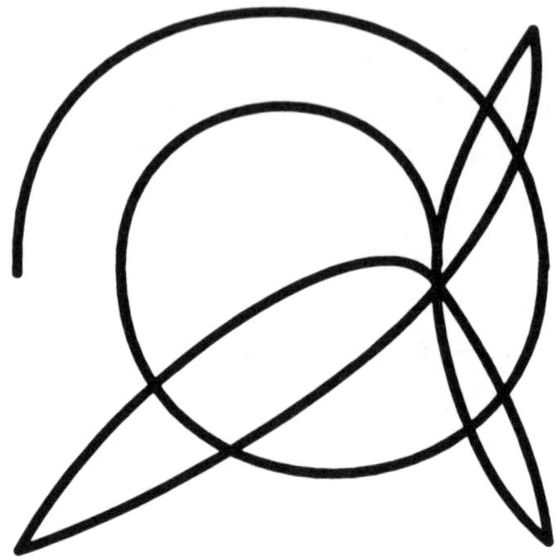

a

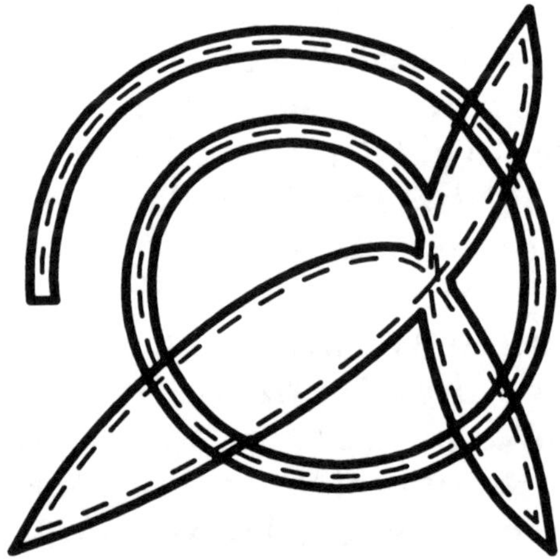

b

Die Abb. 97-106 zeigen, wie man den spiralförmigen Stamm und die dreifachen Kleeblätter Strich für Strich umwebt. Dies ist eine einfache Anfängerübung und auch eine gute Übung für Fortgeschrittene, die ihre Linienarbeit verbessern wollen. Sie werden die Spirale zumindest einmal geometrisch konstruieren müssen – es sei denn, Sie sind Giotto, der freihändig einen perfekten Kreis zeichnen konnte. Dann können Sie die Spirale auf jeder Seite des Blattes mittels der Übertragung des Abdrucks der Mittellinie wie in den Abb. 97a und 109a gezeigt nachzeichnen.

Beginnen Sie mit der übertragenen Bleistiftlinie der Spirale und des dreifachen Kleeblatts, die in einem einzigen Strich ohne Abheben des Stiftes gezeichnet werden kann, Abb. 97a. Mit etwas Übung sollten Sie bald in der Lage sein, Spirale und Blatt zusammen zu zeichnen, nachdem Sie das geometrische Modell so oft nachgeahmt haben, bis es Ihnen in Fleisch und Blut übergegangen ist – so, wie Sie ein Musikstück aus dem Notenblatt erlernen müssen, bevor Sie auswendig spielen können. Nur die Übung macht vollkommen.

Der nächste Schritt besteht im Umriß der Mittellinie, Abb. 98a. Aus der Spirale ist nun eine Dreifachlinie geworden – in sich selbst ein Symbol der Vereinigung der Gegensätze – mit der Mittellinie als drittem, zusammenführendem Faktor, der zwischen den Polaritäten vermittelt und diese kontrolliert. Sie wird später ausradiert, ist auf unausgesprochene Weise aber in jedem Band, Streifen oder Pfad immer da. Die aus dem Zentrum der Triquetra-Linie oder des dreifachen Kleeblatts ausstrahlende und sich von dort aus erweiternde Mittellinie symbolisiert die Mitte in Bewegung. Symbolisch beginnt jede Spirale im Zentrum und bewegt sich wie das Universum von dort nach auswärts. Das ist ihre wahre Richtung.

Der Umriß des Blatts wird natürlich nicht verdoppelt; folgen Sie einfach seiner Kontur. Der Umriß kann mit etwas Übung ebenfalls in einem einzigen Strich gezogen werden, ohne den Stift abzuheben. Dann können Sie jedermann mit Ihrer Beherrschung der Kalligraphie beeindrucken, aber vergessen Sie nicht, zuerst auf das Papier zu starren, den Pinsel in die Farbe einzutauchen und das Ganze dann einfach so hinzuwischen. Das wirkt künstlerischer.

Abb. 98 Spiralstamm und dreiblättriger Klee. Einheit im Gegenuhrzeigersinn: zweiter Schritt

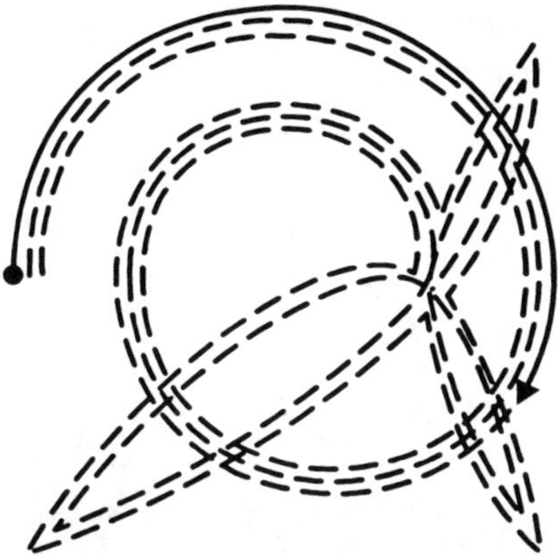

a

Zeichnen Sie den ersten Abschnitt mit einem etwas härteren Bleistift als bei b.

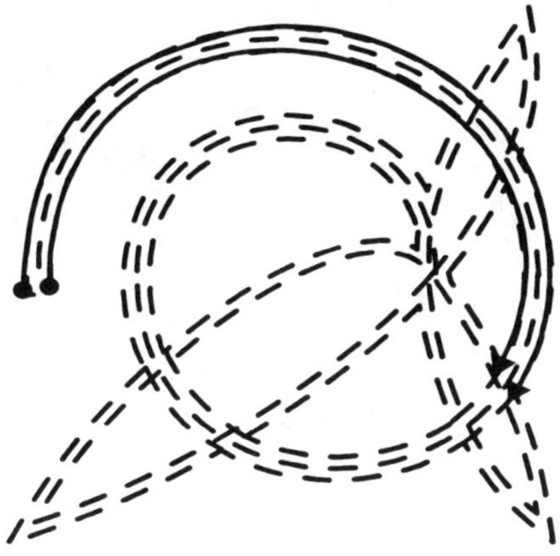

b

Abb. 99 Spiralstamm und dreiblättriger Klee. Einheit im Gegenuhrzeigersinn: dritter und vierter Schritt

Zeichnen Sie ein zweites Blatt, a, dann den zweiten Abschnitt, b.

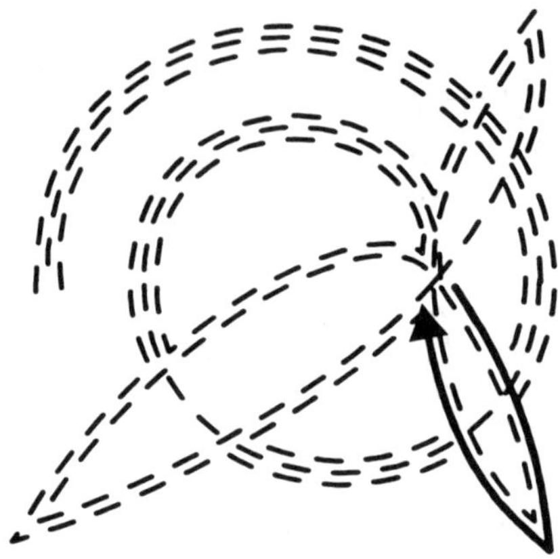

a

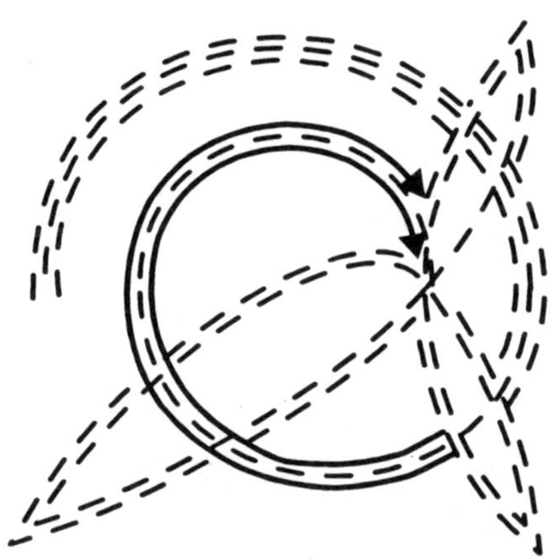

b

Abb. 100 Spiralstamm und dreiblättriger Klee. Einheit im Gegenuhrzeigersinn: fünfter und sechster Schritt

Zeichnen Sie das erste und dritte Blatt unter den Stammabschnitten, a.

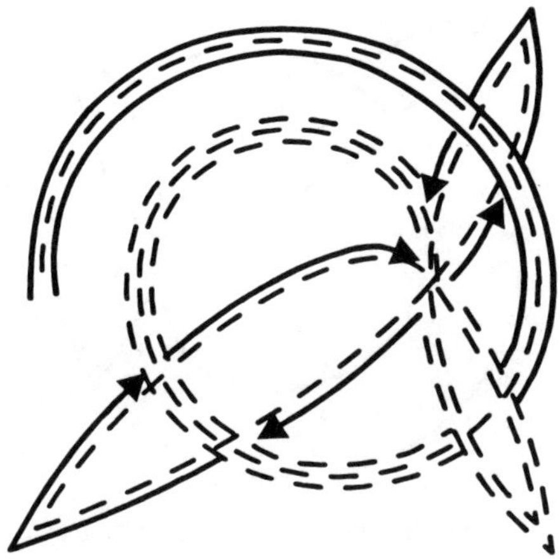

a

Zur Vervollständigung zeichnen Sie mit Tusche nach und radieren Sie die Bleistiftlinie weg, b.

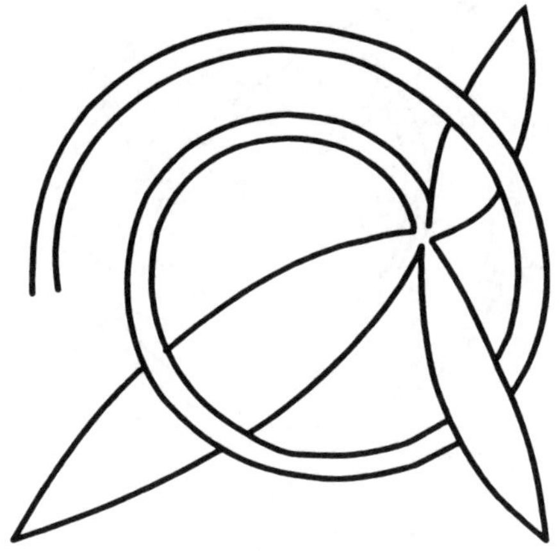

b

Abb. 101 Spiralstamm und dreiblättriger Klee. Einheit im Uhrzeigersinn: erster Schritt

Bleistiftspirale und dreifaches Kleeblatt in einem einzigen Strich, a.

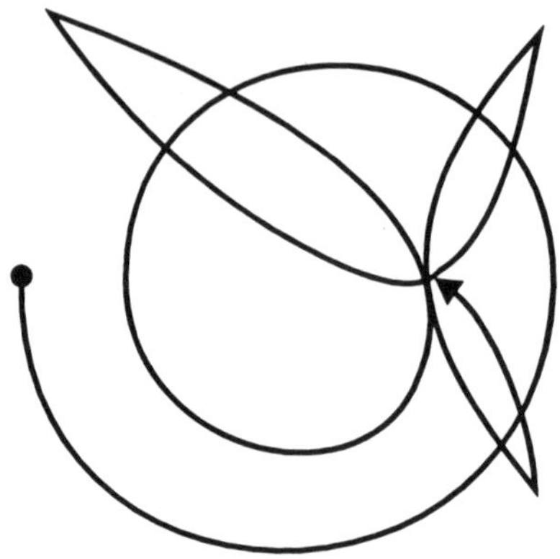

a

Zeichnen Sie den Umriß mit Bleistift in einem einzigen Strich, b.

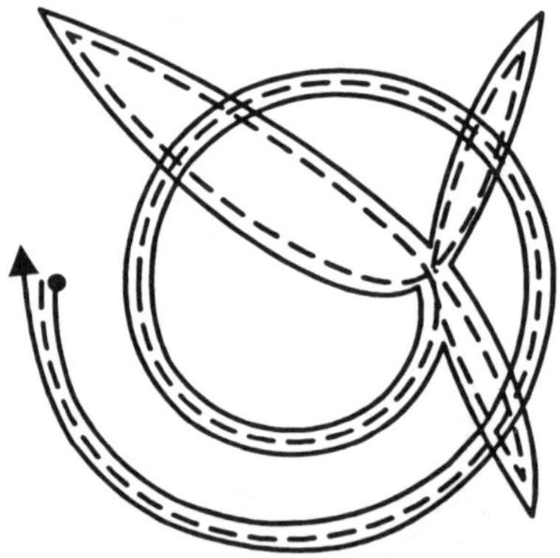

b

Abb. 102 Spiralstamm und dreiblättriger Klee. Einheit im Uhrzeigersinn: zweiter Schritt

Mit dem Bleistift gezogene Dreifachlinie, a.

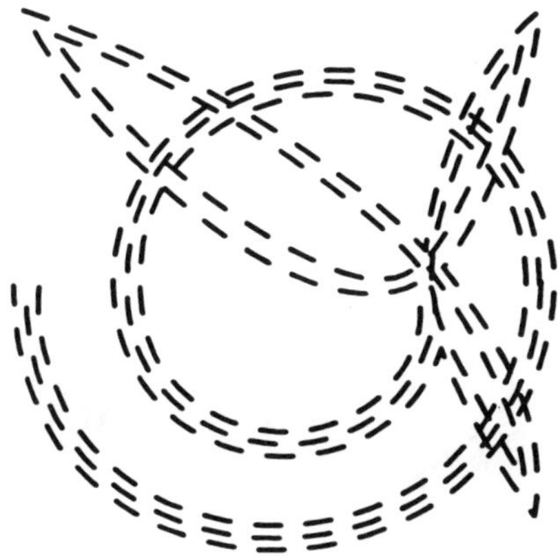

a

Fahren Sie den ersten Abschnitt nach, b.

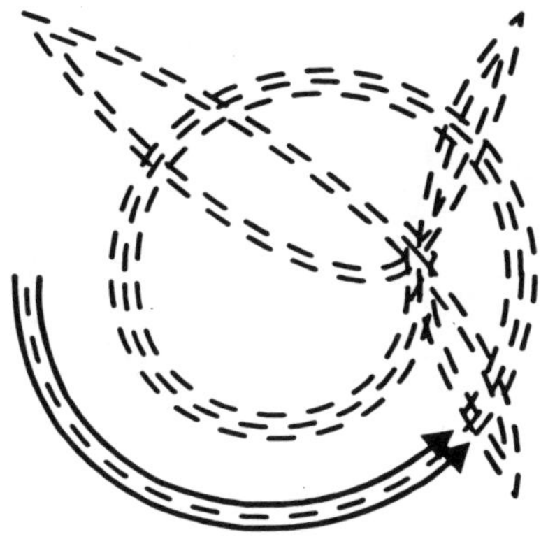

b

Abb. 103 Spiralstamm und dreiblättriger Klee. Einheit im Uhrzeigersinn: dritter Schritt

Übertragen Sie mit dem Bleistift das erste

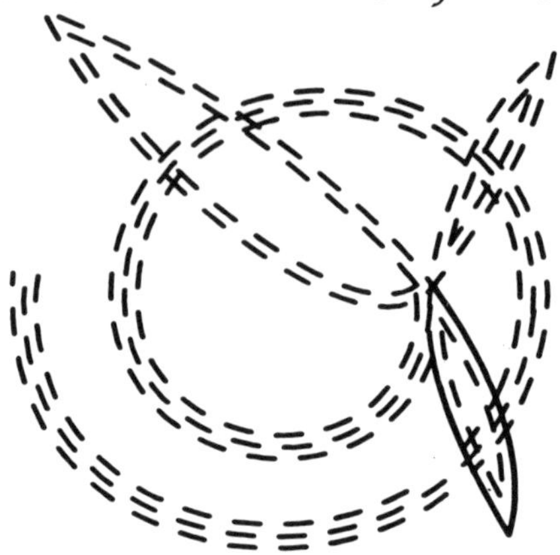

Blatt, a.

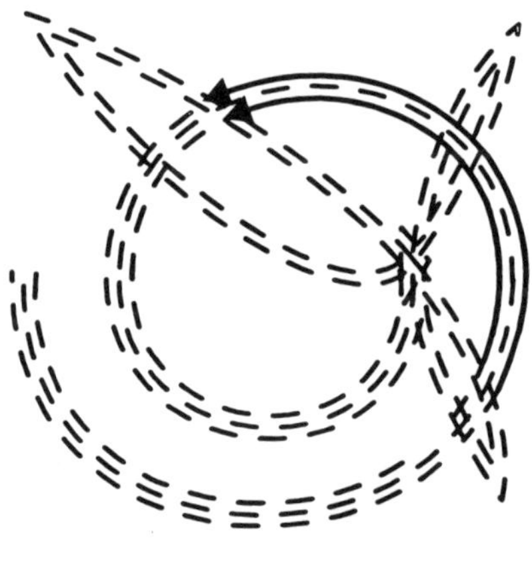

b

Übertragen Sie den zweiten Abschnitt, b.

Abb. 104 Spiralstamm und dreiblättriger Klee. Einheit im Uhrzeigersinn: vierter Schritt

Zeichnen Sie mit dem Bleistift das zweite Blatt unter Abschnitt 2, a.

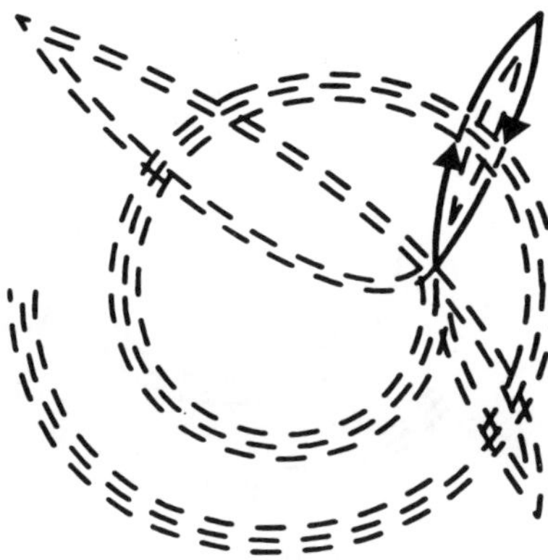

a

Zeichnen Sie das dritte Blatt, b.

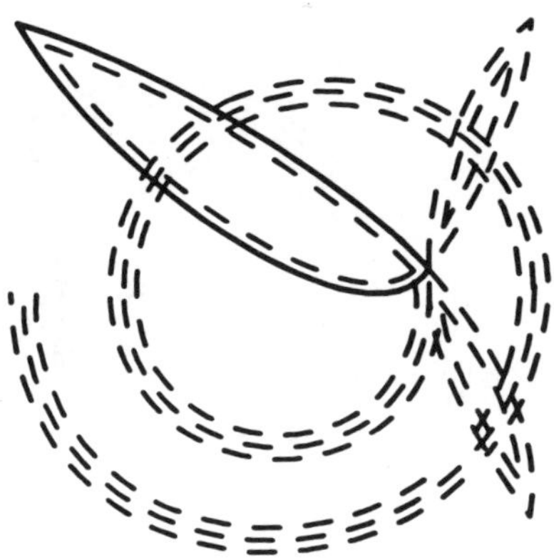

b

Abb. 105 Spiralstamm und dreiblättriger Klee. Einheit im Uhrzeigersinn: fünfter Schritt

Übertragen Sie mit dem Bleistift den letzten Abschnitt, a.

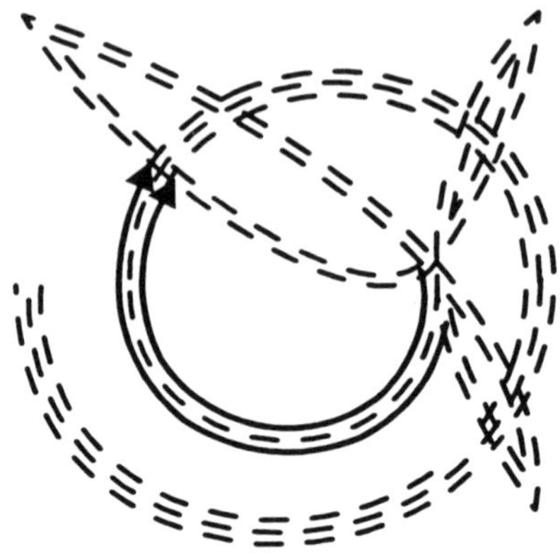

a

Zeichnen Sie mit Tusche nach, b

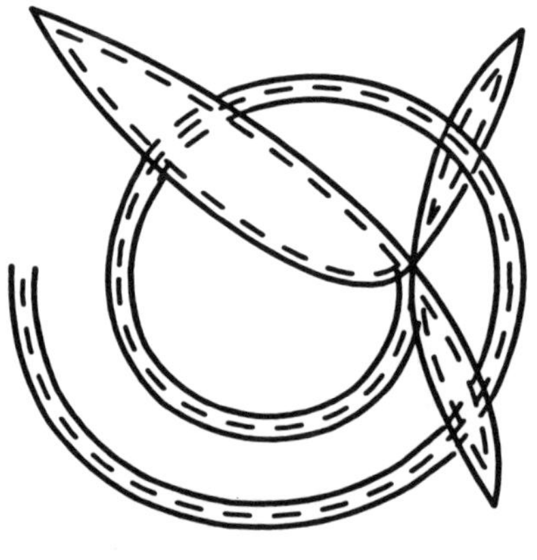

b

Abb. 106 Spiralstamm und dreiblättriger Klee. Einheit im Uhrzeigersinn: sechster Schritt

Radieren Sie die Mittellinie weg, a.

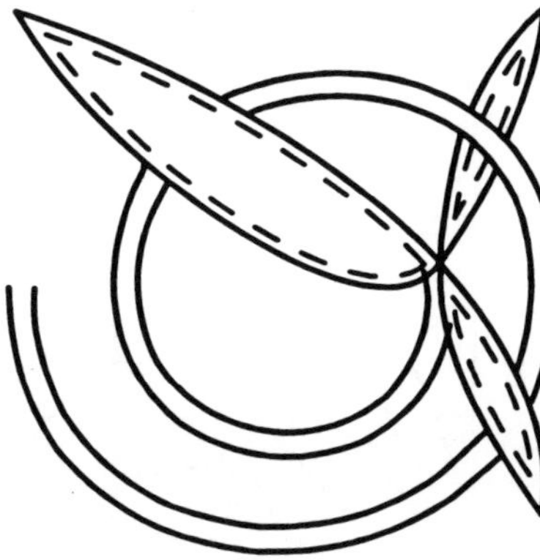

a

Die Blätter können dekoriert werden, b.

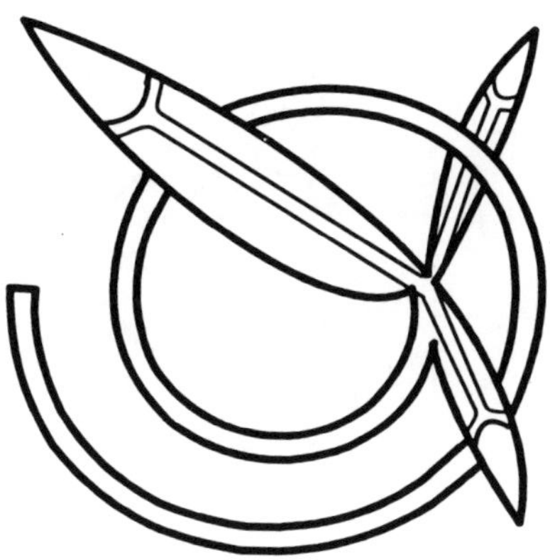

b

Abb. 107 Baumborte, Book of Kells, 8r

a freihändig b geometrischer Grundriß

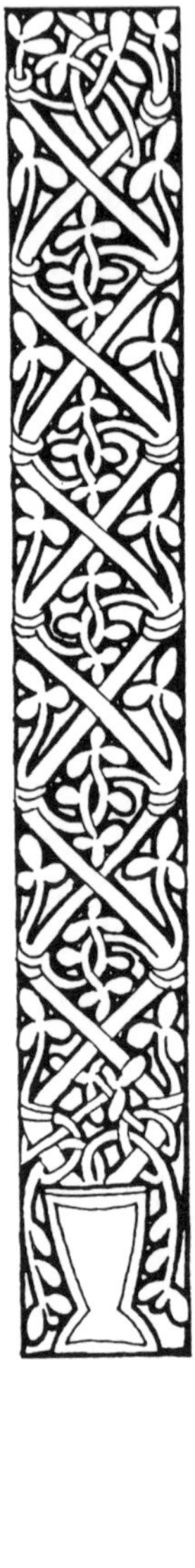

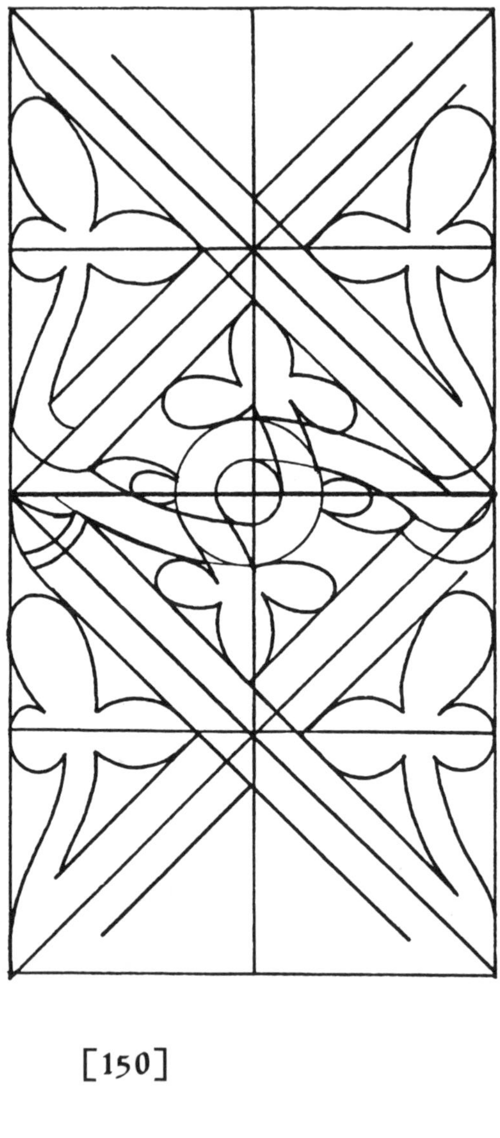

Abb. 108 Wiederholung der Kachel

Drei Einheiten der vorhergehenden Abbildung.

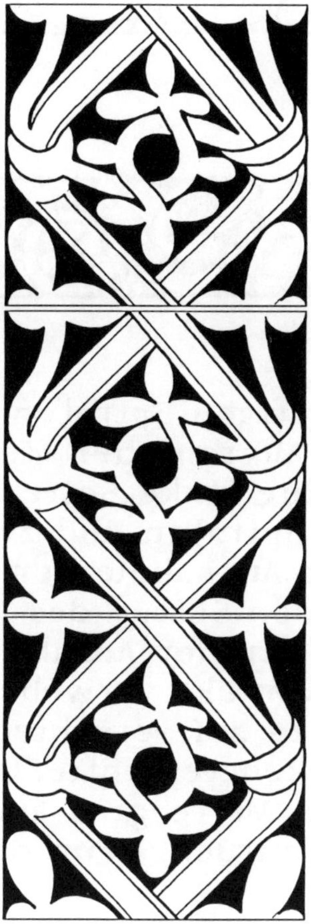

Abb. 109 Baum des Lebens, Book of Kells, linke Seite, Folio 8r

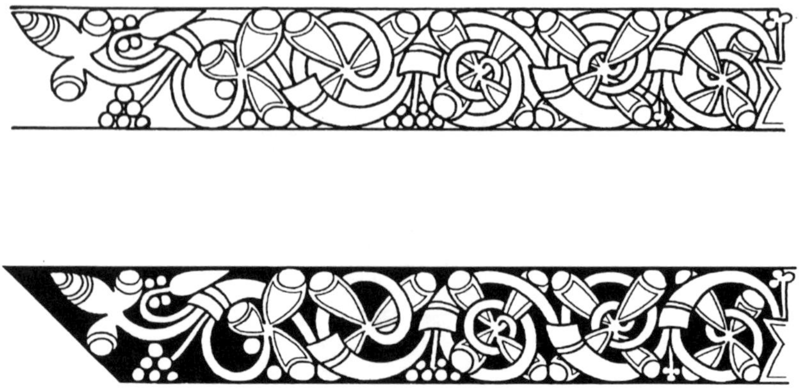

Die rechtsseitigen Spiralen haben alle vierblättrige Mitten oder vierfache Kleeblätter; die linke Seite zeigt drei vierblättrige Spiralen und zwei dreiblättrige. Mit Ausnahme der beiden Einheiten zu beiden Seiten des Topfes ist das Blatt von gerader Anzahl in sieben Fällen nicht korrekt verwoben. Der Künstler hat es auf verschiedene Weise versucht und kehrte schließlich zur dreiblättrigen Mitte ganz außen links auf der Borte zurück, denn diese funktioniert.

Abb. 110 Baum des Lebens, Book of Kells, rechte Seite, Folio 8r

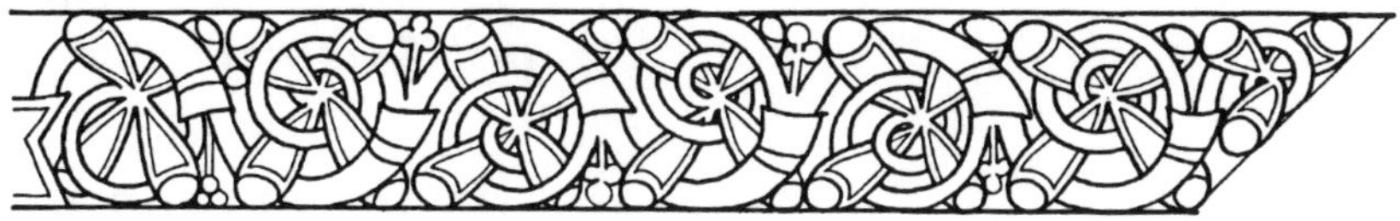

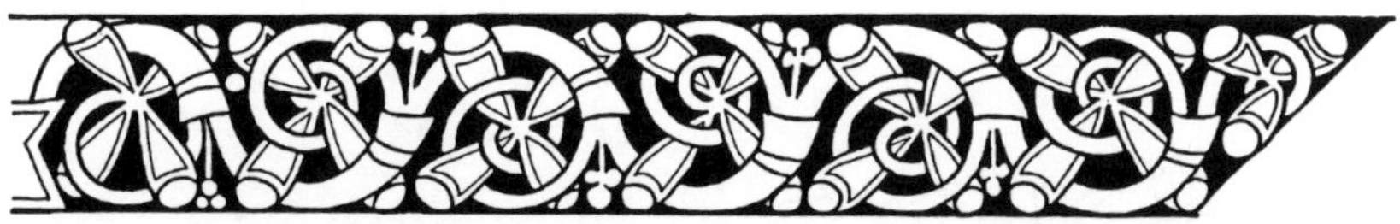

Eine andere Möglichkeit zur Verwendung des Blattes von gerader Anzahl ohne die Erschaffung eines Webproblems besteht in der Hinzufügung eines zusätzlichen Stiels mit Beeren am Ende, der wie in Abb. 111 zwischen den Blättern entspringt. Die Form ähnelt jener der Blatt-und-Spiralen-Übung mit drei Blättern, Abb. 97-106, wo der Stiel der Beeren das mittlere Blatt ersetzt. Die Übung aus Abb. 111 kann auch mit zwei Blättern und Beeren oder mit vier Blättern und Beeren verwendet werden.

Abb. 111 Baum des Lebens, Blatt und Beere

a Mittellinie und Umriß mit Bleistift nachziehen

b Verwebung abwechseln, so daß eine Einheit die Umkehr der anderen ist

c Verwebung der Einheiten umgekehrt wiederholen

d Spiegeln Sie die einander gegenüberliegenden Hälften, um im Zentrum des Baums eine Gabelung zu bilden, behalten Sie die Webordnung bei und fügen Sie im Zentrum den Topf hinzu.

Die Endstadien werden auf Abb. 112a,b,c gezeigt.

a

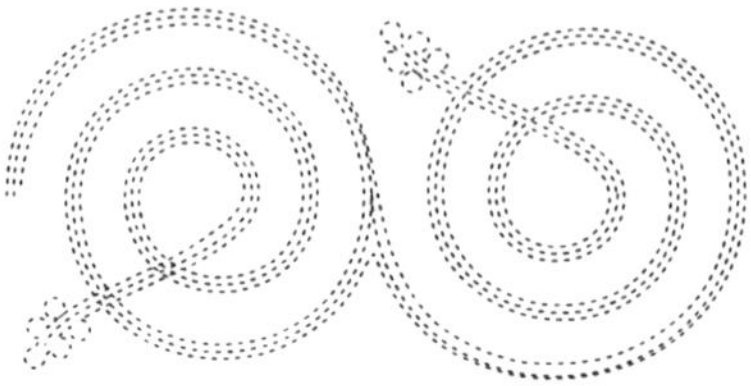

b

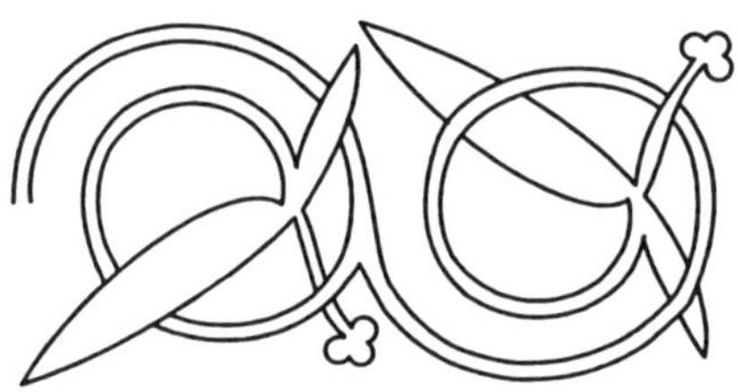

c

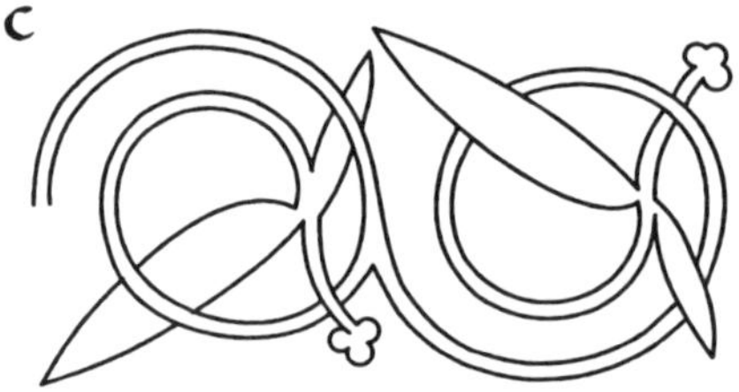

d

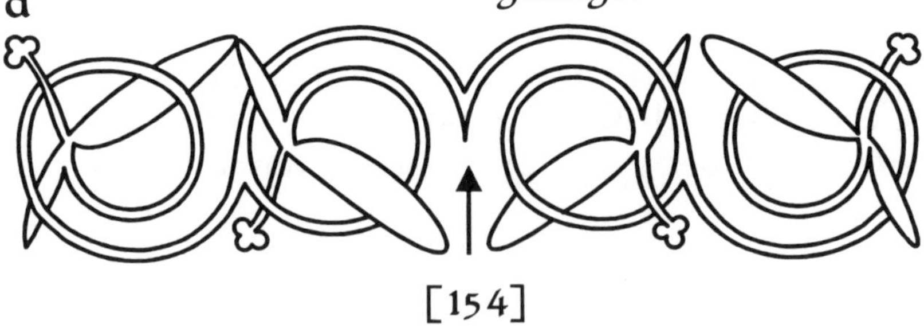

Abb. 112 Baum des Lebens, Blatt und Beere

a

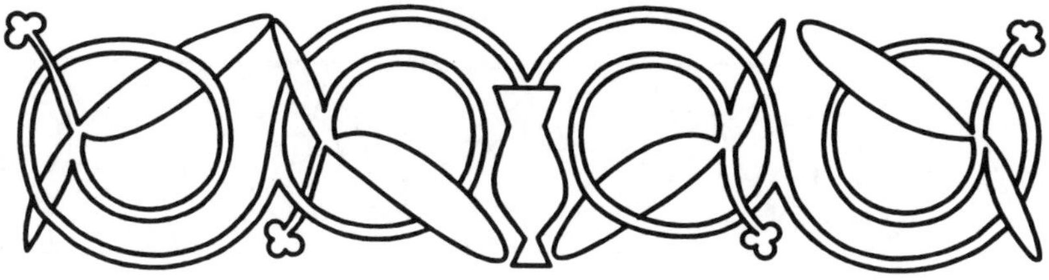

b

c

Abb. 113 Borte, anglischer Kreuzschaft, Kirche von Morham, Ost-Lothian

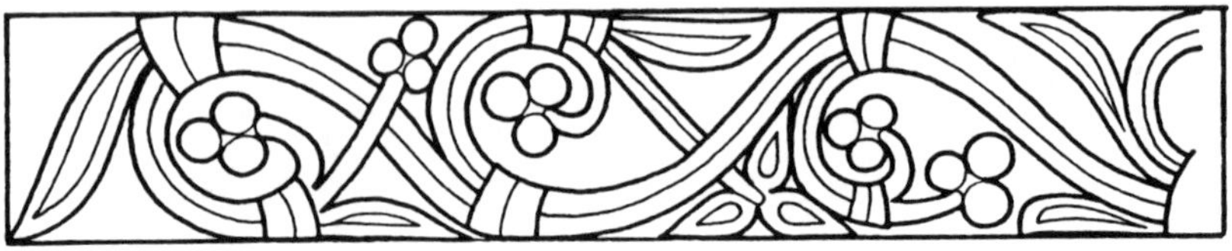

Dieses Muster stammt von einem anglischen Kreuzschaft (etwa 750-850 n. Chr.) und zeigt eine gewisse Verwandtschaft zum keltischen Lebensbaum, besonders im Gebrauch der Beeren und im trompetenartigen Anschwellen der Stämme an den Gabelungen. Anstelle eines Mittelbands wird die schmale Mittellinie verwendet, ein von den Wikingern oft gebrauchter Effekt. Im Gegensatz zum Book of Kells zeigen sich die Blätter hier jedoch eher im Profil als von vorne, und die Ranken vollführen keine vollständige Spirale.

Abb. 114 Borte, anglischer Kreuzschaft, Kirche von Morham, Ost-Lothian

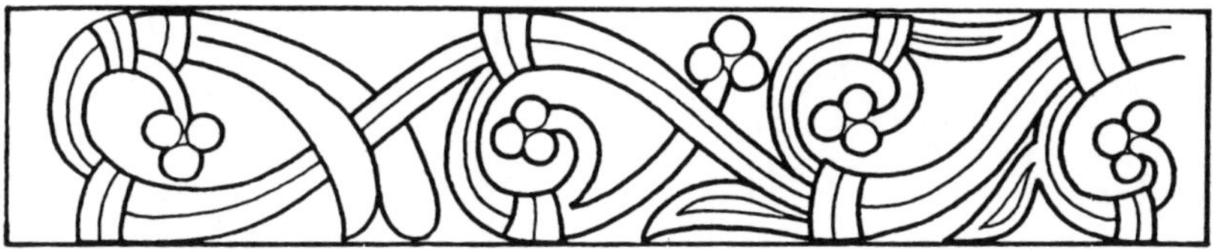

In der nächsten Abbildung zeige ich, wie diese Figur aussehen könnte, wenn man sie zu einer Lebensbaum-Borte mit gespiegeltem Motiv entwickeln und einen Topf hinzufügen würde. Das Original ist vielfältig genug, um daraus ein Paar zusammenpassender Tafeln zu gestalten, Abb. 115. Auch wenn sich die Formen sehr ähneln, halte ich diesen anglischen Baum des Lebens im Stil doch eher für mittelalterlich als für keltisch.

Abb. 115 Variationen der anglischen Kreuzschaft-Borte, Kirche von Morham

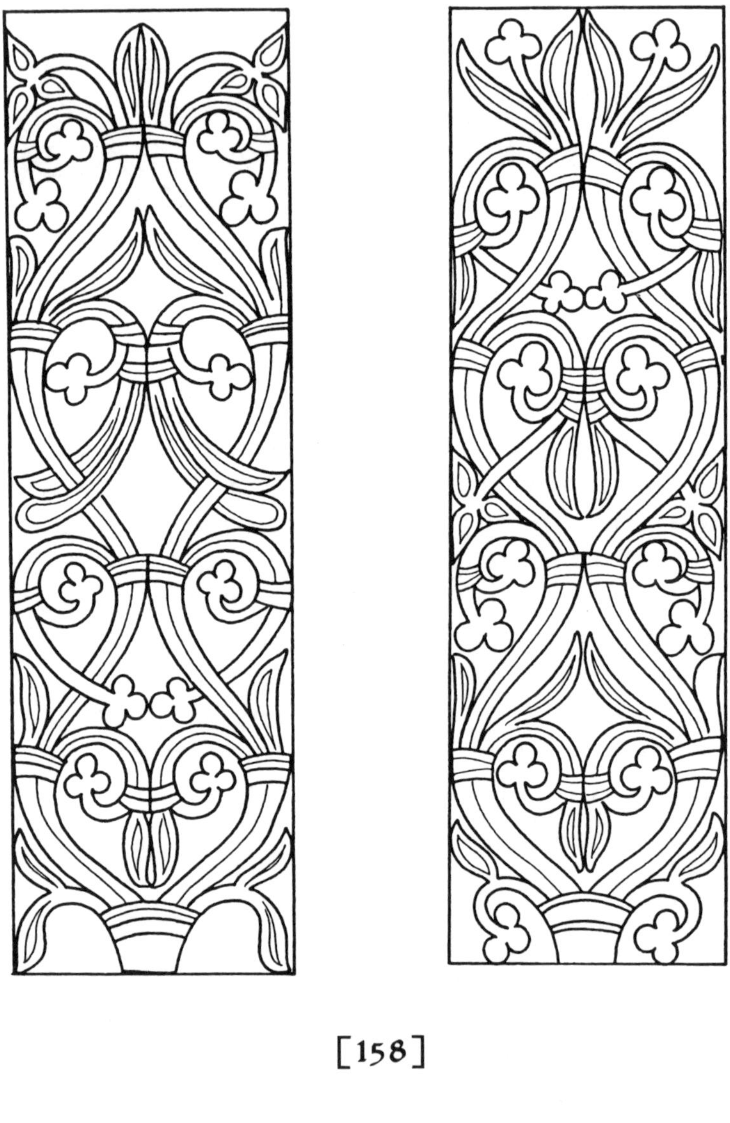

Literaturverzeichnis

- George Bain, Celtic Art, Glasgow, 1951
- Joseph Campbell, The Masks of God: Occidental Mythology, New York, 1964
- Joseph Campbell, Charles Musees, In All Her Names, San Francisco, 1991
- Tom Chetwynd, A Dictionary of Symbols, London, 1982
- Roger Cook, The Tree of Live, London, 1974
- Ananda Coomaraswamy, Figures of Speech or Figures of Thought, London, 1947
- Henry S. Crawford, Irish Carved Ornament, Cork, 1980
- James G. Frazer, The Golden Bough: A Study in Comparative Religion, London, 1890
- Françoise Henry, Irish High Crosses, Dublin, 1964
- Irish Art, Volume 2, London, 1970
- The Book of Kells, London, 1974
- James Joyce, Portrait of the Artist as a Young Man, New York, 1956
- Aidan Meehan, Celtic Design: Handbuch für Ein steiger, Arun Verlag, Engerda, 1999
- Aidan Meehan, Celtic Design: Keltische Flechtmuster, Arun Verlag, Engerda, 1999
- Aidan Meehan,Celtic Design: Keltische Tiermuster, Arun Verlag, Engerda, 2000
- Aidan Meehan, Celtic Design: Keltische Buchstaben, ArunVerlag, Engerda, 2000

Literaturverzeichnis

- Aidan Meehan,Celtic Design: Keltische Spiralmuster, Arun Verlag, Engerda, 1999
- Aidan Meehan,Celtic Design: Maze Patterns, London, 1993
- Aidan Meehan, Celtic Design: Drache & Greif, Arun-Verlag, Engerda, 2001
- Carl Nordenfalk, Celtic and Anglo-Saxon Painting, London, 1977
- James Powell, The Tao of Symbols, New York, 1982
- Anne Ross, Pagan Celtic Britain, London, 1967
- Hilary Richardson, John Scarry, An Introduction to Irish High Crosses, Dublin, 1990
- G.M. Trevelyan, The Mingling of the Races, London, 1934